당신을 위한 시 치유·테라피
Poetic Healing·Poetry Therapy for You

# 그대여

## 그대여

**초판발행** | 2025년 11월 27일
**저자** | 홍나영
**펴낸이** | 김영태
**펴낸 곳** | 도서출판 한비CO
**출판등록** | 2006년 12월 24일 제 25100-2006-1호
**주소** | 41967 대구시 중구 관덕정길13-13 미래빌딩 3층 301호
**전화** | 053)252-0155 **팩스** | 053)252-0156
**홈페이지** | http://hanbimh.co.kr
**이메일** | kyt4038@hanmail.net

**ISBN** 9791164871773
**ISBN** 9788993214147(세트)

**값** 15,000원

*잘못된 책은 교환해 드립니다.
*저자와의 협의로 인지는 생략합니다.

당신을 위한 시 치유·테라피
Poetic Healing·Poetry Therapy for You

# 그대여

홍나영 시집

| 작가의 말 |

그대여!
이 시집은 당신의 이름을 부르기 위해 쓰였습니다.
세상이 주지 않는 위로를 시로 전하고 싶었습니다.
당신이 어떤 이름으로 살아왔든
그 모든 순간은 이미 시였습니다.

이 시들을 통해,
당신 자신을 껴안고 사랑하게 되기를
다시 살아낼 힘을 얻게 되기를 바랍니다.

이제,
그대여!
당신의 이름으로
다시 시작하세요.

홍나영 드림

| 목차 |

# 1장
## 『그대라 불리는 모든 이름에게』

**세상은 그대에게 수많은 이름을 붙이지만,
행복도 상처도 모두 그대의 빛을 가리지 못하네.**

1. 그대여 너는 나의 그대여  12
2. 천적이라는 이름을 가진 그대여  13
3. 귀인이라는 이름을 가진 그대여  14
4. 회복이라는 이름을 가진 그대여  15
5. 모이면 죽고 흩어지면 산다는 이름을 가진 그대여  16
6. 인간이라는 이름을 가진 그대여  17
7. 행복이란 이름을 가진 그대여  18
8. 아낌없이 주는 나무 그대여  19
9. 만능 엔터테이너 그대여  20
10. 호떡을 제일 잘 굽는 그대여  22
11. 일을 세상에서 제일 좋아하는 그대여  23
12. 고철을 좋아하는 그대여  24
13. 블랙커피를 좋아하는 그대여  25
14. 돈키호테라는 소리를 듣는 그대여  26
15. 잔다르크라는 소리를 듣는 그대여  27
16. 지혜롭다는 소리 듣는 그대여  28
17. 어리석다는 소리 듣는 그대여  29
18. 미친놈 소리를 듣는 그대여  30
19. 미친년 소리를 듣는 그대여  31
20. 망나니 소리를 듣는 그대여  32
21. 꽃처럼 사는 그대여  34

# 2장
『모든 이름을 건너는 그대에게』

세상이 붙인 수많은 이름이 그대를 가두려 해도,
그대는 상처와 칭찬을 모두 품고 더 큰 존재가 되네.

22. 잡초처럼 사는 그대여  36
23. 오답이라는 그대여  37
24. 낭만이라는 이름의 그대여  38
25. 하고 싶은 말 다 하고 사는 그대여  39
26. 하고 싶은 말도 참는 그대여  41
27. 늘 봄으로 서 있는 그대여  42
28. 구더기에서 파리가 된 그대여  43
29. 기생충 소리를 듣는 그대여  45
30. 죽어라 해도 안 풀리는 그대여  46
31. 양아치 소리를 듣는 그대여  47
32. 날강도라는 이름의 그대여  48
33. 노숙자 소리를 듣는 그대여  50
34. 천사 소리를 듣는 그대여  51
35. 도둑놈 소리를 듣는 그대여  52
36. 철면피 소리를 듣는 그대여  54
37. 노랭이 소리를 듣는 그대여  56
38. 에고이즘 소리를 듣는 그대여  58
39. 좌파소리를 듣는 그대여  59
40. 극우 소리를 듣는 그대여  61
41. 광신도 소리를 듣는 그대여  63
42. 수전노 소리를 듣는 그대여  65
43. 청춘의 이름을 가진 그대여  66

# 3장
『모든 빛과 그늘을 품은 그대에게』

빛과 어둠, 만남과 이별, 사랑의 모든 이름 속에서
그대는 세상 모든 순간을 노래하며 살아가네.

44. 빛의 이름을 가진 그대여　70
45. 어둠의 이름을 가진 그대여　71
46. 축복의 이름을 가진 그대여　72
47. 시인의 이름을 가진 그대여　73
48. 기쁨의 이름을 가진 그대여　74
49. 기도의 이름을 가진 그대여　75
50. 강사의 이름을 가진 그대여　76
51. 평화의 이름을 가진 그대여　77
52. 안식의 이름을 가진 그대여　78
53. 승리의 이름을 가진 그대여　79
54. 만남의 이름을 가진 그대여　80
55. 이별의 이름을 가진 그대여　81
56. 사랑의 이름을 가진 그대여　82
57. 교회의 이름을 가진 그대여　83
58. 절의 이름을 가진 그대여　84
59. 성당의 이름을 가진 그대여　85
60. 카페의 이름을 가진 그대여　87
61. 공항의 이름을 가진 그대여　88
62. 음악의 이름을 가진 그대여　89
63. 그리움의 이름을 가진 그대여　90
64. 해바라기꽃의 이름을 가진 그대여　91
65. 할미꽃의 이름을 가진 그대여　92

# 4장
『모든 이름이 결국 사랑이 되는 그대에게』

정거장처럼 스쳐 가도, 가족처럼 머물러도
세상이 부르는 모든 이름은 너와 나의 이야기.

66. 정거장의 이름을 가진 그대여 94
67. 이방인의 이름을 가진 그대여 95
68. 시행착오 그대여 97
69. 진화의 끝을 모르는 여인 그대여 98
70. 살인미소를 가진 그대여 99
71. 백만 불짜리 얼굴을 가진 그대여 100
72. 대한민국이란 이름의 그대여 101
73. 여동생이란 이름의 그대여 102
74. 남동생이란 이름의 그대여 103
75. 아줌마란 이름의 그대여 104
76. 아저씨란 이름의 그대여 105
77. 형제란 이름의 그대여 106
78. 자매란 이름의 그대여 107
79. 언니라는 이름의 그대여 108
80. 오빠라는 이름의 그대여 109
81. 이모라는 이름의 그대여 110
82. 너란 이름의 그대여 111
83. 나란 이름의 그대여 113
84. 아들이란 이름의 그대여 115
85. 딸이란 이름의 그대여 116
86. 자식이란 이름의 그대여 117
87. 엄마란 이름의 그대여 118
88. 아버지란 이름의 그대여 119

# 5장
# 『상처와 희망을 안고 걷는 그대에게』

가난과 상처, 외로움 속에서도 걸어가는
눈물 끝에 피어나는 빛, 그것이 그대이다.

89. 욕심 많은 그대여  122
90. 소극적인 그대여  123
91. 적극적인 그대여  124
92. 소란스런 그대여  125
93. 못난 그대여  126
94. 어여쁜 그대여  127
95. 쓸쓸한 그대여  128
96. 실연한 그대여  129
97. 분답한 그대여  130
98. 사랑하는 그대여  131
99. 상처받은 그대여  133
100. 잊혀진 그대여  134
101. 다시 일어설 그대여  135
102. 가난한 그대여  136
103. 왕따인 그대여  138
104. 우울한 그대여  140
105. 지친 그대여  141
106. 용기 낼 그대여  143
107. 외로운 그대여  145
108. 슬픈 그대여  146
109. 괴로울 그대여  147
110. 무의미의 극치를 달리는 그대여  148
111. 실망의 이름 그대여  149

# 6장
『모든 맛과 계절을 품은 그대에게』

달콤함과 짠맛, 배신과 사랑, 사계절의 모든 맛이
그대라는 이름 안에서 서로 어우러져 인생을 빚네.

112. 날것과 숙성을 오가는 그대여　152
113. 와인이라는 이름을 가진 그대여　153
114. 눈물이라는 이름을 가진 그대여　154
115. 설탕이라는 이름을 가진 그대여　155
116. 소금이라는 이름을 가진 그대여　156
117. 고난은 축복이라는 이름을 가진 그대여　157
118. 분노의 이름 그대여　158
119. 양심이라는 이름의 등불 그대여　159
120. 정의의 마지막 언어그대여　160
121. 그래도 살아야 하는 그대여　161
122. 달콤함의 이름 그대여　162
123. 배신이라는 이름의 그대여　163
124. 사랑이라는 이름 그대여　164
125. 봄 그대여　165
126. 여름 그대여　166
127. 가을 그대여　167
128. 겨울 그대여　168
129. 세상에 이름 그대여　169
130. 정답이라는 그대여　170
131. 모두가 행복하길 바라는 그대여　171
132. 뜨거운 영혼의 그대여　173
*프롤로그　175
*해설　177

# 1장
『그대라 불리는 모든 이름에게』

세상은 그대에게 수많은 이름을 붙이지만,
행복도 상처도 모두 그대의 빛을 가리지 못하네.
그 어떤 이름도 결국 그대를 완성하는 또 다른 사랑일 뿐.

# 1. 그대여 너는 나의 그대여

그대여! 너는 나의 그대여
끝내 부르다 목이 쉬어도
다시 부르게 되는 단 하나의 이름

사랑은 소유가 아니라
그리움의 다른 얼굴임을
그대가 내게 가르쳐 주었네

그러니 나는 묻지 않는다
왜 그대여야 하느냐고
이미 답은,
그대가 나의 그대이기에

## 2. 천적이라는 이름을 가진 그대여

천적이라는 이름을 가진 그대는
나를 가장 아프게 했고
가장 크게 자라게 한 사람이었습니다

당신이 있어
나는 숨을 헐떡였고
또 당신 때문에
더 깊이 호흡하는 법을 배웠습니다

적이라는 말 속에
때로는
운명보다 가까운 인연이 숨어 있음을
나는 이제 압니다

천적이라는 이름을 가진 그대여!
당신은 내 고통의 선생이었고
내 회복의 출발점이었습니다.

# 3. 귀인이라는 이름을 가진 그대여

당신은
필요할 때
딱 그 순간에
나타나 준 사람이었습니다

한마디 말
한 줄의 손 글씨
잠깐의 눈빛에도
나는 다시 살아갈 이유를 얻었습니다

당신은
지나가듯 와서
머물지 않고도
내 마음에 오래 자리한 사람입니다

귀인이라는 이름을 가진 그대여!
당신은
하늘이 잠시 빌려준
따뜻한 빛이었습니다.

## 4. 회복이라는 이름을 가진 그대여

회복이라는 이름을 가진 그대여!
상처 위에 새 살을 돋게 하고
무너진 나를 일으켜 세워 주었습니다

당신은
"아물지 않는 상처란 없다"
라고 하였습니다

그 말은
고통 속에서
고통을 끊어내고
다시 살아낼 용기 힘이 되었습니다

## 5. 모이면 죽고 흩어지면 산다는 이름을 가진 그대여

당신은
모일수록 위험했고
흩어질수록 자유로웠던 존재

가끔은
연대가 족쇄였고,
거리두기가 숨 쉴 틈이었습니다

그대여!
당신은
어울리는 법도 알고
떠나는 법도 아는 사람입니다

## 6. 인간이라는 이름을 가진 그대여

당신은
사랑도 하고
미움도 하고
용서도 하며
다시 상처 입는 존재입니다

완벽하지 않아도
그 불완전함 덕에
더 아름다운 사람

모순의 집을 지키며
시로 살아가는
인간이라는 이름을 가진 그대입니다

# 7. 행복이라는 이름을 가진 그대여

당신은
많이 가지지 않아도
늘 만족할 줄 아는 사람입니다.

하루의 소소한 순간에도
감사를 찾고,
작은 일에도 웃음을 피우지요.

누군가는 당신을 사랑이라 부르고
누군가는 위로라 하지만
나는 당신을
'행복'이라 부릅니다.

만족을 아는 그대,
당신이 있어
세상은 오늘도 따뜻합니다.

## 8. 아낌없이 주는 나무 그대여

그늘이 필요한 이에게는 그늘을 주고
열매가 필요한 이에게는 열매를 내어주며
그 누구도 탓하지 않는
당신은 아낌없이 주는 나무입니다

누군가는 가지를 자르고
누군가는 줄기를 베어가도
당신은 그저
내어줄 수 있어 감사했다고 말했지요

울지 않았지만 늘 젖어 있었고
비를 맞으면서도
다른 이의 햇살이 되었습니다

당신은
누구보다 깊고
누구보다 크며
누구보다 사랑 그 자체인 사람입니다

당신을 위해
그 누구도 베지 못할 시 한 그루
심습니다

## 9. 만능 엔터테이너 그대여

무대 위의 당신은
노래도 하고
춤도 추고
웃음을 뿌리는 마법사
만능 엔터테이너입니다

사람들은 박수쳤지만
당신은 어깨 위에
늘 조용한 외로움 하나
함께 무대에 올랐지요

재능은
당신의 무기이자 방패였고
누구보다 잘 웃는 당신은
누구보다 눈물에 솔직한 사람이었습니다

만능이라는 말에는
무한한 수고와
끝없는 연습이 있었고
당신의 고귀한 인내가
사람들의 하루를 밝혀준 별이었습니다

만능 엔터테이너 그대여!

오늘은 무대가 아니라
이 시 속에서
당신에게 조용히 박수를 보냅니다

# 10. 호떡을 제일 잘 굽는 그대여

당신의 손끝에서는
밀가루가 시가 되고
설탕이 햇살처럼 녹아듭니다

기름에 부풀어 오를 때마다
사람들의 입꼬리도 따라 오르고
당신의 미소도
노릇노릇 익어갑니다

누군가는 호떡을
간식이라 부르지만
나는 압니다

당신은 그 속에
마음을 구웠고
기억을 넣었고
누군가의 겨울을 데워주던 사람이라는 걸

호떡을 제일 잘 굽는 그대여!
당신의 호떡엔
세상에서 제일 따뜻한
사람의 온기가 숨어 있습니다.

## 11. 일을 세상에서 제일 좋아하는 그대여

당신은
쉬는 날에도 손을 놀리고
잠드는 순간까지
무언가를 만드는 사람이었습니다

사람들은 말했지요.
"왜 그렇게까지 하느냐"고
"조금은 멈춰도 된다"고
나는 압니다
당신에게 일은
고행이 아니라
존재의 방식이었다는 걸

당신은
몸을 움직이며 마음을 돌렸고
무언가를 완성하며
스스로를 다독였습니다

당신은
땀으로 쓰는 시인이었고
매일의 하루가
작은 예술이었습니다

## 12. 고철을 좋아하는 그대여

녹슨 철판 사이에서도
빛을 보는 당신의 눈은
참 묘하고도 따뜻합니다

사람들은 버릴 것을 모으는 당신을
이상하게 보기도 했지만
나는 압니다

당신은
사물의 끝에서 다시
가능성을 본 사람이라는 걸

고철은
한때 무언가를 지탱했던 뼈대이고
당신은
그 뼈대의 기억을 사랑한 사람입니다

고철을 좋아하는 그대여!
당신은
지나간 것을 헌 것이 아닌
살아온 증거로 껴안는 사람입니다.

## 13. 블랙커피를 좋아하는 그대여

당신은
쓴맛을 피하지 않는 사람
단맛 없는 하루도
그대로 마실 줄 아는 사람입니다

당신의 새벽은 늘 진했고
당신의 생각은
뜨겁고도 깊었습니다

사람들은 설탕을 타지만
당신은 아무것도 넣지 않고
그저 인생을 있는 그대로
받아들이는 사람이었죠

블랙커피를 좋아하는 그대여!
당신은
쓴맛 속에서도 향기를 느낄 줄 아는
묵직한 사람입니다.

# 14. 돈키호테라는 소리를 듣는 그대여

당신은
바람개비를 적이라 믿었고,
아무도 믿지 않는 정의를
끝까지 믿은 사람입니다

비현실적이라
허황되다
꿈에 취한 늙은이라고
사람들은 말했습니다

나는 압니다
그 허황됨이
진정한 용기가 있었다는 것을

당신은
세상이 조롱할 때조차
가치와 목표를 포기하지 않은 사람입니다

돈키호테라는 소리를 듣는 그대여!
그건 광기가 아니라
우직한 정의를 포기하지 않고
믿음에 끝까지 충실한
사람에게만 주어지는 이름입니다.

# 15. 잔다르크라는 소리를 듣는 그대여

당신이
신의 목소리를 들었다 했을 때
사람들은 비웃음을 날렸지만
불꽃을 꺼뜨리지 않았습니다

나약한 소녀였으나
전장의 병사보다 강했고
그 불씨는
칼보다 날카로운 신념이었습니다

사람들은 당신을 이단이라 몰아 세워
당신을 화형대에 올렸지만
나는 압니다
당신은 끝내
진실을 배신하지 않았다는 걸

잔다르크라는 소리를 듣는 그대여!
당신의 불꽃은 꺼지지 않았습니다
그 이름은 지금도
누군가의 심장을 일으켜 세웁니다.

# 16. 지혜롭다는 소리 듣는 그대여

당신은
많이 배우지 않아도
가르치려 들지 않아도
사람의 마음을 먼저 헤아릴 줄 아는 사람이었습니다.

당신의 말은 조용했고
당신의 눈은 깊었고
당신의 가슴은 따뜻하여
늘 한 걸음 느린 배려가 있었습니다

지혜는
많이 아는 것이 아니라
많이 겪고도
부드러움을 잃지 않는 것입니다

지혜롭다는 소리 듣는 그대여!
당신은
말이 아니라
살아온 시간으로
지혜를 증명한 사람입니다.

# 17. 어리석다는 소리 듣는 그대여

사람들은 당신을 보며
답답하다고 했고,
왜 그리 손해를 보며 사느냐고 물었지만

당신은
다 알고도 참았고,
다칠 줄 알면서도 사랑했고,
결과보다 마음을 더 믿었던 사람입니다.

어리석음은
어쩌면 가장 순수한 용기이고,
당신은
계산보다 사람을 택한
진심의 사람이었습니다.

나는 압니다
당신은,
바보가 아니라
끝까지 사람으로 남고 싶었던 사람입니다

어리석다는 소리 듣는 그대여!
그건 약점이 아니라
세상이 잃어버린 미덕이었습니다.

## 18. 미친놈 소리를 듣는 그대여

사람들은
당신의 울음을 외면했고
당신의 말에 귀를 막았습니다

당신은 다만
세상이 너무 시끄러워서
자신의 목소리를
더 크게 외쳤던 것뿐입니다

당신이 무너진 것이 아니라
당신의 슬픔을 받아줄 사람이
아무도 없었던 것뿐입니다

당신은
세상이 듣지 않은
진심을 가지고 있었던 사람입니다

그대여!
사람들은 미쳤다고 말하지만
나는 압니다.
그 말 속에
얼마나 많은 무시당한 외침이 숨어 있는지를.

## 19. 미친년 소리를 듣는 그대여

사람들은 당신의 울분에
이성을 잃었다 말합니다

나는 봅니다
그건 잃은 게 아니라
지켜내기 위한 고집이었고,
뺏기지 않기 위한 마지막 소리였다는 걸

누군가에겐 감정의 과잉
누군가에겐 눈총의 대상이었겠지만
그 안엔
쌓이고, 참아오고, 눌러온 것들이
폭풍처럼 터진 사랑의 잔해였음을
나는 압니다

미친년 소리를 듣는 그대여!
당신은 감정이 무너진 게 아니라
마음이 너무 오래 상처받은 사람입니다.

## 20. 망나니 소리를 듣는 그대여

사람들은 당신을 보고
제멋대로라고 했고
불순하고 거칠다고 말했지요

하지만 나는 묻고 싶었습니다
한 번이라도
사랑받는 법을 배운 적이 있었는지

무너진 질서 속에서
스스로를 지키기 위해
더 세게 굴고
더 크게 소리쳐야 했던 당신

그건 방종이 아니라
방치 속의 방어였고,
그건 폭력이 아니라
버려진 마음의 울부짖음이었습니다

그 아이는
한 번만 안아주면
금세 울음을 멈출
작은 사람일지도 모릅니다

망나니 소리를 듣는 그대여!
사람들은 당신을 두려워했지만
나는
당신 안의 아이를 보았습니다.

# 21. 꽃처럼 사는 그대여

당신은
세상의 시선을 끌 줄 알고
자신의 계절을 기다릴 줄 알며
가장 아름다울 때
피어날 줄 아는 사람입니다

바람 앞에서도 당당했고
햇살 속에서도 기품 있었으며
존재만으로 누군가의 봄이 되었습니다

나는 압니다.
그 화사함 뒤에
얼마나 많은 기다림과 단련이 있었는지

그대여!
당신은 보기 좋은 꽃이 아니라
살아내어 피어난 사람입니다.

## 2장
『모든 이름을 건너는 그대에게』

세상이 붙인 수많은 이름의 그대로가
세상을 모두 품는 큰 존재가 되어
그대가 자유요 생명의 세상이 되네

## 22. 잡초처럼 사는 그대여

당신은
누구의 주목도 받지 못한 채
그늘 틈에서
묵묵히 살아낸 사람입니다

한 번도
예쁨을 강요하지 않았고
한 번도
누구에게 향기를 자랑한 적 없었습니다

바람이 불어 줄기가 꺾이고
비 내려 잎이 처지고
밟혀서 온 몸이 생채기가 되어도
강인하게 버텨내는 진짜 생명이었습니다.

당신은
버텨낸 존재만이 가진
강인한 아름다움입니다

그대여!
사람들은 꽃을 사랑한다지만
나는
잡초에게서 더 많은 위로를 받습니다.

## 23. 오답이라는 그대여

당신은
때로 나를 비웃게 하고,
때로 나를 주저앉게 했습니다

그러나 나는 압니다
오답이야말로
진짜 배움의 문을 열어주고
실패야말로
나를 다음 단계로 데려간다는 것을

오답이라는 그대여!
당신은 나의 실수였지만
끝내 나의 선생이었습니다.

## 24. 낭만이라는 이름의 그대여

당신은
바람 따라 흘러온 노래였고
달빛 아래 젖어드는 시였습니다

가난한 하루에도
당신이 건네는 눈빛 하나면
세상은 금빛으로 물들었지요

누군가는 낭만을
헛된 꿈이라 말했지만
그 꿈이 있었기에
우리는 무너진 자리에서도
다시 일어설 수 있었다는 것을
나는 알고 있습니다

낭만이라는 이름의 그대여!
당신은 내 마음에 남은
가장 오래된 노래
가장 따뜻한 추억의 등불입니다.

## 25. 하고 싶은 말 다 하고 사는 그대여

입술에 용기를 달고
가슴에 진심을 안은 채
세상에 당신의 목소리를 남기는 사람

눈치 보지 않고
외면하지 않고
참지 않는 당신은
누군가의 두려움일지라도
누군가의 해방이기도 합니다

당신의 말은
누군가를 찌르기 위한 칼이 아니라
당신 자신을 지키기 위한
빛이었습니다.

당신은
누구보다 진실했고
누구보다 맑았으며
무례하지 않았습니다
단지,
정직했을 뿐입니다

하고 싶은 말 다 하고 사는 그대여!

당신은
자신의 언어로
삶을 빚어가는 사람입니다

그 자유로움이
참 부럽고
참 아름답습니다.

# 26. 하고 싶은 말도 참는 그대여

당신은
말을 아낀 것이 아니라
마음을 눌러 담은 사람이었습니다

하고 싶었던 말은 많았지요
억울하다는 말
고맙다는 말
살고 싶다는 말
당신은 말하지 않았습니다.

눈빛으로 전했고
침묵으로 견뎠고
미소로 감췄습니다

사람들은 당신을
무던하다고 했지만
그 참는 마음 뒤에
얼마나 많은 파도가 있었는지를
나는 압니다

하고 싶은 말도 참는 그대여!
이 시는
그대가 못 다한 말을 대신하는 시입니다

## 27. 늘 봄으로 서 있는 그대여

한겨울을 지나도 미소 짓고
눈물 많은 계절을 지나도
새순처럼 인사를 건네는
늘 봄으로 서 있는 그대여

누군가는 지쳐 누울 때
당신은 조용히 피어나
한 송이 꽃이 되었습니다.

당신이 봄인 이유는
푸르러서가 아니라
다시 피기 때문입니다.

넘어지고도 일어나며
짓밟혀도 향기를 잃지 않고
끝났다는 말에도
다시 희망을 틔우는 마음

누군가의 절망 속에
작은 빛으로 피어나고
누군가의 닫힌 마음을 열어주는
따뜻한 계절입니다

## 28. 구더기에서 파리가 된 그대여

당신은
세상에서 가장 지저분한 이름으로 불렸고,
가장 먼저 외면당한 존재였습니다.

누구도 당신을 보려 하지 않았고,
당신조차도
스스로를 사랑하지 못했던 그 시절.

그러나 그대여,
당신은
움직였고,
변했고,
날개를 틔웠습니다.

사람들은
파리를 혐오했지만
나는 봅니다.
그 날갯짓이
어둠을 벗어나려는 처절한 의지였다는 걸.
구더기였다고 말하는 당신,

사실은 누구보다
절박하게,

진심으로
하늘을 꿈꾸었던 사람입니다.

파리가 된 그대여!
비록 세상은 그대의 날갯짓을
지저분하다고 말할지라도
나는 압니다.

당신은
살아남았고
드디어
자신의 날개를 가진 사람이라는 것을.

## 29. 기생충 소리를 듣는 그대여

당신은
기생하여 산다는 말을 들어야 했고
손가락질을 받아야 했지만
나는 압니다

아무도 돌보아주지 않아
붙잡아야만 했던 삶이 있었고
의지할 곳 없는 날들 속에
떨어지지 않기 위해
애썼던 몸짓으로
그대의 기생은 생존이었습니다

그대는
살기위한 몸부림이었을 뿐
남의 생을 빼앗으려 한 적 없었다는 걸
나는 압니다

기생충 소리를 듣는 그대여!
당신은 자신의 인생에 충실하였습니다
빛을 쬘 자격이 있습니다

당신은 그저
살고 싶었던 사람입니다.

## 30. 죽어라 해도 안 풀리는 그대여

당신은
누군가에게
지긋지긋한 문제였고
끝없는 숙제 같았고
포기하고 싶은 존재였을지도 모릅니다

당신은
모두가 등을 돌린 곳에서
끝내 살아남았고
끝내 울지 않았고
끝내 포기하지 않았습니다

당신을 풀 수 없었던 건
당신이 문제가 아니라
당신의 삶에 세상이 너무 복잡하게 얽혀
당신의 발목을 잡고 있었기 때문입니다

죽어라 해도 안 풀리는 그대여!
나는 말하고 싶습니다
그 얽힘마저도 당신이 살아낸 흔적이라면
그건 이미 하나의
존재의 문장입니다.

# 31. 양아치 소리를 듣는 그대여

세상에 삐딱하게 선 채
사람들의 눈총을 견디며
웃음으로 상처를 감췄던,
양아치 소리를 듣는 그대여

당신은 그 눈길에 반항했지만
그 반항이 외롭다는 신호로
한 번쯤은 꼭 불려보고 싶었던,
'괜찮다'는 말이 있었다는 걸
사람들은 들으려 하지 않았습니다

나는 압니다
당신의 거친 목소리에 담긴,
세상이 준 상처보다
스스로에게 매긴 낙인이 더 아팠다는 것을

양아치 소리를 듣는 그대여!
나는 지금
그 이름 대신
당신을 '사람'이라 부르고 싶습니다

더 이상
그 말로 당신을 가두지 않겠습니다.

## 32. 날강도라는 이름의 그대여

당신은
누군가의 것을 빼앗았고
누군가의 믿음을 깨뜨렸으며
어쩌면 되돌릴 수 없는
상처를 남긴 사람일지도 모릅니다

세상은 당신을 향해
주먹을 쥐었고,
비난과 분노를 던졌습니다

그건 당연했고
그건 아팠습니다
하지만 나는
한 발짝 더 다가가 묻고 싶습니다

그날,
당신은 어떤 마음으로
그 길을 택했는지
정말 탐욕 때문이었는지
아니면
절망이 당신을 그리로 끌고 간 것인지

당신이 저지른 행위는 잊지 않겠지만

당신이 사람으로 다시 살아가고 싶다면
나는,
이 시 한 줄로
당신의 회복을 기다리겠습니다

날강도라는 이름의 그대여!
그대 안에도 여전히
불릴 수 있는 또 하나의 이름이
있기를 바랍니다.

## 33. 노숙자 소리를 듣는 그대여

사람들은 당신을 지나가며
눈길을 피했고
말없이 판단했지만
당신의 노숙 속에서
나는 많은 깨어진 조각을 만납니다

무너진 마음 조각
세상이 버린 조각
끊어진 그리운 조각
잃어버린 잠자리 조각
세상과의 연결을 갈구하는
진정한 마음의 조각

노숙자라는 이름은
삶을 내려놓은 이의 것이 아니라
다시 살아가고 싶은 마음을 간직한
사람의 이름입니다

노숙자 소리를 듣는 그대여!
이 시만큼은
당신을 이름으로 부르겠습니다.
사람으로, 존귀한 존재로.

## 34. 천사 소리를 듣는 그대여

사람들은 당신을 보며 말했지요
"참 좋은 사람이야."
"어떻게 저렇게 다 이해할 수 있을까."
당신은 웃으며 고개를 끄덕입니다

나는 압니다
그 미소 뒤에 감춘 눈물과
말하지 못한 외로움
누군가의 슬픔을 대신 짊어지고
누군가의 기쁨을 뒤에서 밀어준
조용한 등불 같은 사람이란 것을

천사란 말로
당신을 다 담기에는
너무 가벼운 이름일지도 몰라요

당신은
사람의 모습으로 살아낸
사랑이었고, 용기였고, 기도였습니다.

천사 소리를 듣는 그대여!
이제는 당신도
누군가에게 기대어 울어도 좋습니다.

## 35. 도둑놈 소리를 듣는 그대여

당신은
삶이 막막했던 어느 순간
손이 먼저 움직이고
가슴이 따라 울었던 사람일지도 모릅니다

사람들은 죄를 먼저 보았지만
나는 묻고 싶었습니다
당신이 왜 거기까지 갔는지를요

그날의 선택이
옳지 않았다는 건
아마 누구보다
당신 자신이 더 잘 알고 있었겠지요

하지만 그대여
그 한 번의 잘못이
당신 존재 전체를 뒤덮을 순 없습니다
죄는 바로잡을 수 있고
사람은 다시 살아갈 수 있으니까요

도둑놈 소리를 듣는 그대여!
당신은
비난보다 더 깊은

눈물 속에 있었던 사람입니다
이제는
당신도 당신을 용서하길 바랍니다.

## 36. 철면피 소리를 듣는 그대여

당신은 참아야 했고
말하지 않아야 했고
때로는 눈빛조차 주지 말아야 했던 사람입니다

누군가는 당신을 보고
"어떻게 저렇게 뻔뻔할 수 있지?"
수군댔겠지만

나는 압니다
당신은
자존심이 아니라
생존을 지키고 있었고
무감각이 아니라
울지 않기 위한 결심을 안고 있었지요

당신은
상처 위에 덧칠한 무표정으로
자신을 지켜낸 사람이었습니다

철면피란 말에도 흔들리지 않은 당신은
사실 누구보다
마음 여리고 눈물 많은 사람이었습니다

이제는 괜찮습니다
이 시의 공기 속에서는
당신의 가면이 벗겨져도
아무도 상처주지 않을
것입니다

# 37. 노랭이 소리를 듣는 그대여

당신은 웃음을 줄일 줄 알았고
욕심을 덜어낼 줄 알았으며
작은 것에도 고마움을 아는 사람이었습니다

그것을 이해하지 못한
세상은 말했지요
너무 아낀다고
너무 따진다고

나는 압니다.
당신은 아낀 것이 아니라
삶을 관리한 사람이고
당신은 따진 것이 아니라
허투루 세상을 살지 않기 위한 방법이었다는 걸

당신이 덜 먹은 것은
가난한 누군가의 배를 불렸고
당신이 덜 챙긴 것은
허전한 누군가의 마음을 채워
세상에 따뜻한 밥상을 차려냈습니다

노랭이란 말은
누구도 모르게 피운 당신의 꽃을

이해하지 못한 세상의 착각일 뿐입니다

노랭이 소리를 듣는 그대여!
사실 당신은
가장 반짝이는 금빛 마음을 가진 사람입니다.

## 38. 에고이즘 소리를 듣는 그대여

당신은 참 많이 미움 받았지요
자기 생각만 한다는 말
다른 사람은 보지 않는다는 시선

하지만 나는 압니다
당신이 얼마나 오랫동안
남만을 위해 살아왔는지를요

그 남을 위한 삶에
스스로 동화되어 자신을 잃어가고
사라진 것을 깨달아
자신을 챙기려 했을 뿐입니다

나를 선택한 것이 이기적이라
에고이즘이라 손가락질을 받아도
당신은 묵묵히
자신의 마음을 지켜냈습니다

그대여!
당신은 이기적인 것이 아니라
잃어버린 나를 다시 찾아가는 중입니다
당신을 사랑하는 것은
결코 잘못이 아닙니다.

## 39. 좌파소리를 듣는 그대여

당신은 좌파가 아닙니다
누군가의 눈물 앞에서
그저 외면할 수 없었던 사람이었습니다

불공평한 것에 분노했고
잊혀진 사람들을 기억하려 했고
세상이 말하지 않는 진실을
심장으로 외치던 사람이었죠.

누군가는 당신을
불순하다고, 위험하다고 말했지만
당신이 원하는 건 무너짐이 아니라
다시 세워짐이었다는 걸
나는 압니다

좌파라는 이름은
당신을 다 담기엔 너무 좁습니다

그 이름 너머엔
깊은 연대의 감각
그늘에 대한 애틋함
그리고 사람을 향한 다정한 시선이 있었습니다

당신은 '진영'이 아니라
누군가의 삶을 사랑한 사람입니다

좌파 소리를 듣는 그대여!
이 시는
그대의 오해받은 진심을
조용히 껴안는 마음입니다

# 40. 극우 소리를 듣는 그대여

당신은 언제부터
그토록 벽을 높이 쌓았나요?

세상이 혼란할수록
더 단단한 무언가를 붙잡고 싶었고
흔들리는 현실 속에서
당신은 확신이라는 언어로
스스로를 지키려 했던 것이지요

그 신념은
분노에서 시작되었을 수도 있고
사랑에서 비롯되었을 수도 있습니다

나라를, 가족을,
혹은 잃어버린 시간을 지키고 싶은
간절함이었을 수도 있지요

누군가는 당신을 혐오의 상징으로 말하지만
나는 알고 싶습니다
당신이 왜 그렇게 말했고
왜 그렇게 외쳤는지를

사람은 누구나
이해받고 싶어합니다
당신도, 사실은
공감의 말 한 마디에 목말라 있었을지 모릅니다

극우라는 단어는
당신을 설명하지 못합니다
그저, 당신도
이 시대를 버텨낸
한 사람일 뿐입니다

# 41. 광신도 소리를 듣는 그대여

당신은 너무 믿고 싶었던 것뿐입니다
세상이 흔들릴 때
하나의 이름에
하나의 빛에
모든 희망을 걸었던 것이죠

누군가는 말했습니다
그건 맹목이라고
그건 지나침이라고

하지만 나는 압니다
그 믿음이
얼마나 외로운 자리에서 피어난 것인지
그 신념 하나로
겨울을 견디고
버텨온 사람들이 있다는 걸

당신은 신을 믿은 것이 아니라
사람의 구원을 믿은 사람입니다

무너진 세상에서
기도 말고는 기댈 곳 없던 밤들이
당신을 그렇게 만들었습니다

광신도라는 말에도
당신은 흔들리지 않았습니다
왜냐하면
당신은 누군가를 미워한 적 없고
그저 간절히 사랑했기 때문입니다

# 42. 수전노 소리를 듣는 그대여

당신은
돈을 아낀 것이 아니라
삶을 아꼈던 사람입니다

누군가는 인색하다고 말했지만
그 절약 속에
얼마나 많은 책임과 두려움이 숨어 있었는지를
나는 압니다

당신은
작은 돈의 가치를 아는 사람이었고,
작은 정성의 소중함을 아는
살뜰한 사람이었습니다.

수전노라는 말 앞에서도
당신은 흔들리지 않았습니다.
왜냐하면
당신의 마음만은
세상 누구보다 넉넉했기 때문입니다.

## 43. 청춘의 이름을 가진 그대여

그대는 바람 같았고
불꽃같았으며
때로는 아프고 눈부셨습니다

모든 것이 처음이라
서툴렀고
모든 것이 지나가기에
더 간절했던 그 시절

한 번은
꿈을 꺾고 울었고
한 번은
사랑에 미쳐 웃었으며
한 번은
세상을 향해
온 마음을 걸었습니다

청춘은
다시 오지 않아도
다시 떠올릴 수 있는 계절이고
그대는
그 계절의 가장 찬란한 사람입니다.
청춘의 이름을 가진 그대여!

설령 지금은
세월에 둘러싸인 당신이라도
그 안엔 여전히
봄보다 더 빛나는
당신이 살고 있습니다.

## 3장
『모든 빛과 그늘을 품은 그대에게』

빛과 어둠, 만남과 이별, 사랑과 기도의
장소와 순간을 초월하는 그 모든 이름이
결국 하나의 영원한 그대가 된다.

## 44. 빛의 이름을 가진 그대여

당신은
눈부시지 않아도
누군가의 어둠을
조용히 밝혀준 사람이었습니다

햇살처럼 다가오고
촛불처럼 흔들리며
그대는
늘 누군가를 위한 따뜻한 등불이었지요

빛은
자신을 태워
세상을 밝히는 존재
그리고 당신은
말없이 자신을 불사르며
누군가의 길이 되어준 사람이었습니다

빛의 이름을 가진 그대여!
당신의 존재는
이미 이 시집 전체에
아주 환하게
스며 있습니다.

# 45. 어둠의 이름을 가진 그대여

사람들은 어둠을 두려워하지만
당신은 그 어둠 속에서
자신을 마주하고
세상을 품는 법을 배운 사람이었지요

어둠은
끝이 아니라
내면으로 들어가는 문
당신은
그 문을 두드릴 줄 아는
용감한 영혼이었습니다

눈물 흘리던 밤
침묵하던 새벽
그 시간들이
당신을 더 깊게 만들었고
결국 그 어둠은
당신의 별이 되었습니다

어둠의 이름을 가진 그대여!
그대의 밤은
결코 낭비되지 않았습니다.

# 46. 축복의 이름을 가진 그대여

당신은 누군가의 기도였고
어느 날의 해답이었으며
어떤 사람의 봄이었습니다

당신이 말을 걸 때마다
마음이 따뜻해졌고,
당신이 미소 지을 때마다
세상이 살만해졌지요.

그대의 존재 자체가
이미 축복이었기에
당신이 가진 손길, 말, 눈빛은
늘 누군가에게
작은 기적이 되었습니다

축복은
주어지는 게 아니라
존재 자체로 주는 것
당신이 바로 그런 사람입니다

축복의 이름을 가진 그대여!
당신은
이 시집 전체가 안고 있는
가장 아름다운 기도입니다.

## 47. 시인의 이름을 가진 그대여

당신은 꽃을 보고도 울었고,
돌멩이 하나에도 말을 걸 줄 아는
시인의 이름을 가진 그대여

세상이 말하지 못한 것들을
시로 대신 말하고
누군가의 마음을
낱말로 어루만지는 사람

당신은
아픔도 아름답게 쓸 수 있었고
그리움도 웃으며 말할 수 있었으며
끝내 모든 것을
시로 살아낸 사람입니다

시인은
사는 것이 곧 쓰는 것이고
당신의 하루하루는
이미 완성된 시였습니다

시인의 이름을 가진 그대여!
이 시집이 바로
당신이라는 시입니다.

## 48. 기쁨의 이름을 가진 그대여

기쁨의 이름을 가진 그대여
당신은 사람들 사이를 걸으며
조용히 웃음을 흘리고
그 미소로 하루를 환하게 만드는 사람이었습니다

당신이 있을 땐
공기가 가볍고
마음이 환해지고
어깨가 저절로 펴졌지요

기쁨은
큰 소리로 떠드는 게 아니라
작은 숨결처럼
옆에 스며드는 것
당신이 주는 기쁨은
가벼운 농담이 아니라
사랑을 꺼내는 따뜻한 열쇠였습니다

기쁨의 이름을 가진 그대여!
당신은 웃음을 닮은 사람입니다.
그리고
희망을 전염시키는 천사입니다.

## 49. 기도의 이름을 가진 그대여

자신을 위한 기도보다
남을 위한 기도를 먼저 올리는 그 마음
당신은 두 손을 모을 줄 아는 사람이었지요

말보다 조용한 침묵으로
눈보다 깊은 믿음으로
당신은 언제나
보이지 않는 사랑을 살아냈습니다

기도는
하늘을 향한 외침이기도 하지만
사람을 향한 책임이기도 하기에
당신의 하루는 곧
살아 있는 기도였습니다

기도의 이름을 가진 그대여!
당신의 한숨조차
누군가의 구원이 되었습니다.

## 50. 강사의 이름을 가진 그대여

당신은 지식을 전한 사람이 아니라
사람을 키운 사람입니다

강의실 한쪽 칠판이
세상의 창이 되었고
당신의 목소리는
누군가의 인생을 바꾸는 울림이었습니다

하나의 문장을 위해
밤새 고민하고
한 명의 학생을 위해
마음까지 내려놓던 그대

강의는 끝나도
그대가 남긴 말은
사람 안에서 자라
생각이 되고
삶이 되었지요

강사의 이름을 가진 그대여!
당신은 선생을 넘어
삶을 전해준 등불이었습니다.

## 51. 평화의 이름을 가진 그대여

당신은 전쟁처럼 치열한 하루 속에서도
마음 한 켠에 고요한 호수를 품고 있었지요

누군가는 말로
누군가는 힘으로
세상을 설득하려 할 때
당신은
침묵으로 사랑을 건넸습니다

당신의 눈빛
그 안에는
누구도 해치지 않는 부드러움이 있고
모두를 껴안는 깊은 수용이 있습니다

평화는
소리 없는 용기이고
당신은 그 평화를
삶으로 증명한 사람입니다

평화의 이름을 가진 그대여!
당신이 있기에
세상은 아직
조금 더 아름답습니다.

## 52. 안식의 이름을 가진 그대여

당신은
모두가 지친 자리에서
가만히 자리를 내어주는 사람이었습니다

말없이 기다려주는 그 품
무릎 베고 누우면
모든 근심이 스르르 녹아내리는 그 침묵

안식은
피하지 않고 품어내는 마음이고
그대는
누군가의 쉼터가 되어
스스로는 쉴 줄도 모르는 사람이었습니다

안식의 이름을 가진 그대여!
이제는 당신도
누군가의 품에 기대어
조용히 눈을 감을 수 있기를 바랍니다

당신의 안식은
곧 당신이 살아온 사랑의 증거입니다

## 53. 승리의 이름을 가진 그대여

당신은 함성을 지르지 않았고
주먹을 들지도 않았지만
매일의 인내로
삶을 이겨낸 사람입니다

눈물 속에서도
고개를 들고 걸어간 날들
그것이 진짜 승리였다는 걸
이제는 누구보다 내가 압니다

승리는
결과가 아니라
버텨낸 마음이고
당신은
그 마음을 하루하루 살아냈습니다

당신은 이겼습니다
아무도 몰랐지만
당신은 조용히
영광을 품은 사람입니다

승리의 이름을 가진 그대여!
이제 두 팔 벌려
당신 자신을 안아주세요.

## 54. 만남의 이름을 가진 그대여

우리는 어쩌면
수많은 스쳐 지나감 속에서
단 한 번의 진짜 인연으로
당신을 만났는지도 모릅니다

우연처럼 다가온 그날
마음이 먼저 알아보았지요
이 사람은
내 하루에
머물 사람이구나

당신과의 만남은
운명이었고
기적이었고
삶의 방향을 바꾸는
따뜻한 바람이었습니다

만남의 이름을 가진 그대여!
당신이 있어
세상은 더 살아볼 만한 곳이 되었습니다.

# 55. 이별의 이름을 가진 그대여

우리의 마지막 인사엔
말보다 많은 것이 담겨 있었지요

눈빛 속에 남은 미련
떨어지지 않던 손끝
그리고 마음속에 감춰 둔
수천 개의 '가지 마'라는 말

하지만 우리는 알았습니다
이별이 끝이 아니라는 걸
당신이 떠난 자리에 남은 침묵 속에서
나는 오래도록
당신을 살아냈으니까요

이별은 잊음이 아니라
기억을 품는 다른 방식
당신의 부재조차
나에겐 따뜻한 온기로 남았습니다

## 56. 사랑의 이름을 가진 그대여

당신은 이름 하나로
세상을 다 품을 줄 아는 사람입니다

무언가를 바라지 않아도
계산하지 않아도
그냥 주고
기다리고
늘 곁에 있어주는 마음

당신의 사랑은
불처럼 뜨겁거나
바다처럼 깊기보다
햇살처럼 조용히
스며드는 따뜻함입니다

사랑은 말이 아니라
지금도 살아내는 시간,
그대는
나의 가장 오래된 시이며
여전히 가장 조용한 믿음입니다.

## 57. 교회의 이름을 가진 그대여

당신은 세상의 고단함을 안고
매일 무릎을 꿇던 사람입니다.

기도는 속삭임이 아니라
삶 전체였고
사랑은 말보다
매일의 용서로 피어납니다.

힘든 날에도
찬송처럼 웃으며
누군가의 아픔을
두 손 모아 품어냈던 그대

십자가 아래서 흐르는 눈물은
절망이 아니라
다시 일어서는 시작입니다

교회의 이름을 가진 그대여
당신의 신앙은
건물 속에 있지 않고
당신의 따뜻한 삶 안에 있습니다.

## 58. 절의 이름을 가진 그대여

당신은 바람이 머물다 가는 자리에서
세상의 소음을 가만히 내려놓습니다.

고요한 산길
향내음 속에 스미는 침묵
그 속에
그대는 내면의 소리를 듣습니다.

절은 돌계단을 오르는 일이 아니라
자신의 그림자를 껴안는 일이었고
그대는
그 길을 천천히 걸을 줄 아는 사람입니다

합장한 손끝마다
사랑이 담겼고
그리움마저도
한 송이 연꽃으로 피어납니다.

절의 이름을 가진 그대여!
당신의 마음엔
고요가 있고
그 고요 속엔
깊은 자비가 있습니다.

## 59. 성당의 이름을 가진 그대여

스테인드글라스처럼
당신은 마음속에
빛과 그림자를 함께 품고 있습니다

기도는 무릎으로 드렸지만
사랑은 눈빛으로 주었고
침묵은 고백보다 더 뜨겁게
당신의 신념을 말해줍니다

종소리가 울릴 때마다
당신은 세상을 향해
조용히 자신을 되새겼고
누군가를 위해
기도하는 마음으로 살아갑니다

성당은 신을 향한 길이 아니라
사람을 향한 따뜻한 눈높이였고
그대는
늘 그 높이에서
마음을 내어주고 있습니다

성당의 이름을 가진 그대여!
당신 안에는

지금도 빛이
머물고 있습니다

## 60. 카페의 이름을 가진 그대여

당신은 언제나
조용한 음악과
진한 커피 향 속에서
누군가의 마음을 쉬게 해주는 사람입니다

어떤 날은
위로가 되었고
어떤 날은
기억이 되었으며
어떤 날은
사랑이 시작된 자리가 되기도 합니다

당신은
큰 말 없이도
그저 앉아 있는 것만으로도
누군가의 삶에 작은 안식처가 됩니다

카페의 이름을 가진 그대여!
당신이 있는 곳은 언제나
쉼표 같은 공간
기억에 남는 따뜻한 하루입니다.

# 61. 공항의 이름을 가진 그대여

당신은 언제나
만남과 이별이 교차하는
경계의 풍경 속에서
묵묵히 그 자리를 지키는 사람입니다

들뜬 마음과 무거운 발걸음
환호와 눈물
그 모든 감정이 스쳐가는 공간 속에서
당신은 언제나
기다림을 품고 있습니다.

공항은
떠남이 아니라
다시 돌아올 희망의 자리이고
그대는
사라짐이 아니라
기억을 남기는 사람입니다

공항의 이름을 가진 그대여!
당신은 이별보다 더 깊은
다시 만남의 상징입니다.

# 62. 음악의 이름을 가진 그대여

당신은 말보다 선율로
침묵보다 울림으로
세상에 당신의 마음을 들려주는 사람입니다

때로는 슬픔처럼 흘렀고
때로는 기쁨처럼 튀어 오르며
당신은 늘
사람의 마음을 따라 움직이는 소리입니다

음악은
들려지지 않아도
존재하고 끝나도 여운이 남습니다

그대도 그렇습니다
조용히 스며들어
누군가의 영혼을 어루만지는
그 따뜻한 울림으로

음악의 이름을 가진 그대여!
당신은
들리는 존재가 아니라
느껴지는 사람입니다.

## 63. 그리움의 이름을 가진 그대여

당신은 늘
멀리 있는 것처럼 가까이 있고
가까운 것처럼 멀리 있는 존재입니다

손에 잡히지 않지만
늘 마음 한 켠을 차지하고 있는
그 따뜻하고 서늘한 그대

당신은 말없이
누군가의 기억 속에 머물고
때로는 눈물 속에서 피어나는
묵묵한 꽃입니다

그리움은
잊지 못한 사랑의 또 다른 이름
그리고
당신은 그 이름을
참 오래도 간직해온 사람이죠

그리움의 이름을 가진 그대여!
오늘도 당신이 있어
누군가는
사랑을 다시 믿게 됩니다.

## 64. 해바라기꽃의 이름을 가진 그대여

당신은 언제나
한 사람만을 바라보며
묵묵히 햇살을 좇는 사람이었지요

한결같은 마음
고개 숙이지 않는 사랑
그건 누군가에겐 부담이었을지 몰라도
나에겐 찬란한 용기였습니다

당신은
말보다 눈빛으로
선물보다 기다림으로
마음을 전해왔지요.

그대여,
혹시 그 해가 저물지라도
당신의 고운사랑은
늘 피어나 있을 겁니다

해바라기 꽃의 이름을 가진 그대여!
당신의 마음은
진짜 '빛'이었습니다

## 65. 할미꽃의 이름을 가진 그대여

작고 수줍은 자태로 피어나
봄바람 앞에
가장 먼저 고개 숙이는 꽃

누군가의 봄을 먼저 맞이하고
먼저 저무는 당신의 삶은
언제나 뒷모습으로 사랑을 말했지요

당신은
시끄럽지 않았지만
늘 곁에 있었고
말이 없었지만
늘 마음이 먼저 움직였던 사람입니다

할미꽃은
가장 조용한 희생이고
가장 오래된 품이며
당신의 또 다른 이름입니다

할미꽃의 이름을 가진 그대여!
당신이 있기에
나는 아직도
봄을 기다릴 수 있습니다.

# 4장
「모든 이름이 결국 사랑이 되는 그대에게」

정거장처럼 스쳐 가도, 가족처럼 머물러도
부르는 모든 이름의 그 끝에는 언제나
사랑이라는 하나의 진실이 서 있다

## 66. 정거장의 이름을 가진 그대여

당신은 지나치는 곳이 아니라
사람이 사람을 기다리는
기억의 이름입니다.
당신은 언제나 그 자리에 있었습니다

누군가는 머물다 떠나고
누군가는 다시 돌아오며
당신은 묵묵히 길목을 지켰지요

삶이란
도착이 아닌
멈춤과 지나침의 연속이라는 걸
당신은 알고 있었던 듯합니다

누군가의 시작이고 끝이고
또 다른 누군가에겐
잠시 숨을 고르는 쉼이었던 그대

정거장의 이름을 가진 그대여!
당신은
떠나는 이의 뒷모습을 눈으로 안아주고
돌아오는 이의 발걸음을 품으로 맞이하는
따뜻한 자리입니다

# 67. 이방인의 이름을 가진 그대여

당신은 어디에서 왔나요?
어떤 말투로 웃고
어떤 기억을 품고 있나요?

이름은 다르지만
고통은 같았고
국적은 달라도
그리움은 같습니다

그대는 이방인이라 불렸지만
사실은
어딘가에 머물 틈도 없이
끊임없이 자신을 찾아
떠도는 영혼이었을지도 모릅니다.

그런 당신을
나는 가만히 안아주고 싶습니다

당신의 낯선 이름조차
시가 되고
당신의 발자국조차
노래가 되는 이곳에서
비로소

당신이 '나'라고 느낄 수 있기를

이방인의 이름을 가진 그대여!
지금부터 여기가
당신의 자리입니다
당신은 더 이상
낯선 사람이 아닙니다.

# 68. 시행착오 그대여

당신은
정답과 오답을 넘나들며
나를 수없이 걸려 넘어지게 했습니다

하지만 그 모든 과정이
내 삶의 밑줄이 되었고
지워지지 않는 흔적이 되어
곧 나의 길이 되었습니다

시행착오 그대여!
당신은 완성된 답이 아니라
끝내 포기하지 않는
살아 있는 배움이었습니다.

# 69. 진화의 끝을 모르는 여인의 그대여

도대체 어디까지 멋져질 셈인가요?
어제보다 오늘이 더 아름답고
오늘보다 내일이 더 대담한 당신

시간이 흐를수록
주름이 아니라 카리스마가 늘고
소녀 같기도, 여왕 같기도 한
그대의 얼굴엔
삶의 찬란함이 번져 있습니다

당신은 외모가 진화한 게 아니라
내면이 깊어지고
영혼이 반짝이기 시작한 겁니다

진화의 끝은 없습니다
왜냐고요?
당신은 계속해서
세상에 단 하나뿐인
'여인'이 되어가고 있으니까요

## 70. 살인미소를 가진 그대여

당신이 웃을 때
누군가는 잠시 심장이 멈추어
한참을 멍하니 서 있었을지도 몰라요

당신의 미소는
장미보다 날카롭고
달보다 달콤하며
햇살보다 눈부십니다

사람들이 당신의 마음을 몰라도
당신의 미소는
이미 충분히
사랑과 다정함을 말해주고 있죠

그대여,
그 웃음 오래오래 간직해주세요
세상엔
그 미소 하나로
살아낼 힘을 얻는 이들이 많거든요

## 71. 백만 불짜리 얼굴을 가진 그대여

광고 속 모델도, 영화 속 배우도
당신 앞에선 배경일 뿐
그 얼굴엔
세월이 빚은 품격과
희망이 깃든 웃음
그리고 날마다 깨어나는 아름다움이 있습니다

거울이 당신을 볼 때마다
감탄사를 터뜨릴 거예요.
"또 빛나네… 도대체 언제 그만 반짝일 거야?"

그대여,
당신의 얼굴은
백만 불보다 더 소중한 이유가 있어요
그건 바로
그 얼굴이
수많은 눈물을 닦아주고
수많은 웃음을 안겨주었기 때문입니다

# 72. 대한민국이란 이름의 그대여

좁지만 다정한 이 땅 위에서
우리는 함께 울고 웃으며
하루하루를 살아왔지요

전쟁의 상처도
기적 같은 부흥도
거리마다 피어난 작은 소망도
당신이라는 이름 아래에 있었습니다

서툴고, 때로는 분열된 마음도 있지만
당신은 늘
서로를 향해 손 내미는 사람들로
가득한 나라였습니다

우리는 당신을 비판하면서도
끝내 사랑할 수밖에 없는 이유를
가슴에 안고 살아갑니다

당신은
기억이고
희망이며
우리가 함께 짓는 내일입니다

## 73. 여동생이란 이름의 그대여

늘 작고 여린 줄만 알았는데
가끔은 누구보다 단단한
눈빛을 가진 그대

오빠 언니 뒤에 숨겨진 존재 같았지만
사실은 가장 먼저
마음을 읽어내고
따뜻한 손을 내밀던 사람이었죠

사랑을 주는 일보다
받는 일에 익숙해야 했던
그대의 서운함
나는 이제야 조금 알 것 같아요

여동생이란 이름의 그대여!
당신은 결코
작은 존재가 아닙니다

가족이라는 이름 속에서
당신은 늘
가장 예쁜 자리에 있었습니다

## 74. 남동생이란 이름의 그대여

철없고 장난기 많은 줄만 알았는데
언젠가부터
어른 같은 눈빛을 지닌 사람이 되었더군요

누나, 형보다
한 발 뒤에 있어야 했던 시절
말은 적었지만
당신도 마음속엔
수많은 질문과 외로움을 품고 있었지요

지켜줘야 할 존재가 아니라
이젠 함께 기대어 갈 수 있는 사람
그게 바로 당신입니다.

남동생이란 이름의 그대여!
당신은 이제
누군가의 버팀목이 되어
당당히 걷고 있는
아름다운 사람입니다

# 75. 아줌마란 이름의 그대여

한때는 꽃처럼 불리던 이름이
어느 순간
무거운 짐처럼 따라다녔지요.
아줌마란 이름의 그대여

장바구니를 들고
바쁜 하루를 사는 모습 뒤엔
숨겨둔 꿈과
미처 피우지 못한 마음들이 있었어요

하지만 그대여
아줌마란 이름엔
강인함과 따뜻함
그리고 눈물 어린 위로가 담겨 있습니다

누구의 엄마이기도
누군가의 이웃이기도 한
당신은
세상을 조용히 지켜주는
단단한 뿌리입니다

아줌마란 이름의 그대여!
당신의 하루는
결코 가볍지 않았음을
누군가는 꼭 기억합니다.

# 76. 아저씨란 이름의 그대여

무표정한 얼굴 뒤에
많은 피로와 고단함을 봅니다

누군가의 남편으로
누군가의 가장으로
묵묵히 걸어온 길 위에
조용히 놓인 희생들

아저씨라는 말엔
때로는 오해와 거리감이 있지만
그 안에는
책임과 의리
그리고 사랑이 담겨 있음을
나는 압니다

아저씨란 이름의 그대여!
당신의 걸음 하나하나가
오늘도 누군가의
든든한 하루를 만들어주고 있습니다.

## 77. 형제란 이름의 그대여

때로는 친구처럼
때로는 경쟁자처럼
서로를 밀고 당기며
같은 시간을 걸어온 그대

어릴 적 장난과 다툼 속에
사랑을 숨겨 놓았고
커가면서는 말없이도
마음을 나눌 줄 아는 사이

형제라는 건
같은 뿌리를 가진 두 사람이
서로를 기억하고
잊지 않는다는 뜻입니다

형제란 이름의 그대여!
당신이 있어
세상은 덜 외로웠고
누군가는
당신 덕분에 살아냈습니다.

# 78. 자매란 이름의 그대여

작은 방을 함께 나누며
서로를 울리고 웃기던
그 시절이 그립지요?

다정함과 질투
속상함과 따스함이
뒤엉켜 있었지만
결국 남는 건
서로를 지켜보던 마음이었어요

자매는
가장 가까운 타인이면서
가장 오래된 친구이기도 합니다

자매란 이름의 그대여!
당신의 존재는
누군가의 마음 한편을
여전히 따뜻하게 데우고 있습니다.

## 79. 언니라는 이름의 그대여

어릴 적부터 조금 더 어른스러워야 했고
조금 더 양보하고
조금 덜 투정해야 했던 그대

항상 먼저 참고,
먼저 웃고,
먼저 동생의 손을 잡아주던 그 마음

나는 알고 있어요
속마음은 아직도
한없이 여리고
울보일지라도
언니라는 이름은
늘 든든해야 했죠

하지만 이젠
누군가의 언니이기 전에
그대도 하나의 소중한 존재라는 걸
잊지 말아요.

언니라는 이름의 그대여!
그대도
누군가에게 꼭 안기고 싶은 날이 있다는 걸
누군가는 기억합니다.

# 80. 오빠라는 이름의 그대여

어릴 땐 든든한 척
어른이 되어선 아무렇지 않은 척
그렇게 살아온 날들

'오빠니까'라는 말 한마디에
참고, 넘기고
속상한 마음도 삼켜야 했던
그 많은 날들을
나는 기억합니다

오빠라는 이름은 형보다 부드럽고
남자보다 인간적인
따뜻한 책임이 숨어 있어요
의젓한 모습 뒤에
어린 아이처럼 울고 싶었지요

이제는 괜찮습니다.
이제는 울어도 좋고
누군가에게 기대어도 됩니다

오빠라는 이름의 그대여!
당신도
누군가의 기적 같은 존재입니다.

# 81. 이모라는 이름의 그대여

엄마는 아니지만
엄마처럼 다정하게
가끔은 친구처럼
아이의 손을 꼭 잡아주던 그대

이름 앞에
'작은'이나 '큰'이 붙어도
마음의 크기는
항상 같았지요

자신의 삶을 살면서도
누군가의 울음에 귀 기울이고
기꺼이 한 발짝 다가가는
그 따뜻함

이모라는 이름은
가족이면서도
친구이고, 보호자이고
사랑의 또 다른 이름입니다

이모라는 이름의 그대여!
당신이 있어
아이의 세계는 조금 더 따뜻해지고
누군가는 외롭지 않았습니다.

## 82. 너란 이름의 그대여

그 눈빛,
그 고개 숙인 어깨 위로
내 마음이 가만히 앉았었지요

너는 알지 못 했지요
내가 얼마나
너의 슬픔에 울고
너의 기쁨에 웃었는지

너란 존재는
언제나 곁에 있었지만
나는 한 번도
제대로 안아준 적이 없었어요.

이제는 말하고 싶어요
그대여
너라는 이름 하나로
세상은 얼마나 따뜻해졌는지

너의 하루를 위로하고 싶어서
이 시를 썼고
너의 밤을 안고 싶어서
이 시집을 만들었습니다

그러니 부디
이제는 너도
너 자신을 사랑해주기를

# 83. 나란 이름의 그대여

그토록 많은 이름을 지나
이제야 나에게로 돌아왔습니다

나는 한때
자식이었고
엄마였고
눈물 많은 소녀였으며
누군가의 위로였지요

그러면서도
정작 나를 부를 때
나는 늘 망설였어요
하지만 이제는
조용히 말할 수 있어요

나도 괜찮다고
나도 아름답다고
나도 사랑받아 마땅한 사람이라고

이 모든 시는
누군가를 위한 것 같지만
사실은
나를 위한 기도였음을

이제는 압니다

나란 이름의 그대여!
살아 있어줘서
정말 고마워요
그리고
수고했어요. 정말로.

## 84. 아들이란 이름의 그대여

울고 싶어도 울 수 없었던 날이
몇 번이나 있었나요

"남자는 강해야 해."
그 말 한 줄이
그대의 감정을 꾹꾹 눌러
세상의 무게를 짊어지게 했지요

장난스러운 웃음 뒤에
어른스런 책임을 숨겨야 했고
어깨가 무거워질수록
그대의 말은 점점 짧아졌지요

아들이란 이름은
강요된 용기
숨겨진 외로움의 또 다른 말일지도 모릅니다

하지만 이제는 괜찮습니다
울어도 되고, 흔들려도 됩니다

아들이기 전에
당신은 그저
소중한 한 사람입니다.

## 85. 딸이란 이름의 그대여

어릴 적엔 예쁨이라는 이름으로
자라서는 책임이라는 이름으로
늘 누군가의 기준에 맞춰 살아야 했지요

"조심해라."
"얌전해야 한다."
그 말들 틈에서
당신의 목소리는 점점 작아졌습니다

그러면서도
가장 먼저 챙기고
가장 많이 참아내던 그대
나는 그대의 고요한 강함을 압니다

딸이란 이름 속엔
눈물도 있고,
시린 자부심도 있습니다

이제는 그 이름 너머의
당신 자신을 바라보길 바랍니다
딸이어서가 아니라
당신이기에
당신은 참 아름답습니다.

# 86. 자식이란 이름의 그대여

당신은 세상의 중심이 아니라
누군가의 눈에
언제나 어린 아이였습니다

기댈 틈도 없이
기대어야 했고
때로는 속마음조차
내보일 수 없는 날들이 있었지요

"괜찮아, 나는 자식이니까."
그 말 뒤에
얼마나 많은 눈물과 고단함을 숨겼나요

그대여!
이제는 당신도
당신 자신으로 불려도 됩니다
누군가의 자식이기 이전에
하나의 소중한 존재로
충분히 빛나는 사람입니다

당신의 이름
이제는
당신이 직접 불러주세요.

## 87. 엄마란 이름의 그대여

처음 그 이름을 들었을 때
당신은 얼마나 떨렸나요?

누구에게도 배운 적 없지만
매일매일
세상에서 가장 위대한 일을
당신은 해내고 있었습니다

숨을 죽이고 아이를 재우던 밤
아무도 몰래 울던 새벽
그 시간들 속에
당신은 누구보다 강한 사람이 되었지요

하지만 기억하세요
엄마라는 이름이
당신의 전부는 아니라는 걸

당신도 한 사람
여전히 꿈을 꾸고 싶은
소녀 같은 여인이라는 걸

엄마란 이름의 그대여!
당신을 품어주는 시가
여기 있습니다.

# 88. 아버지란 이름의 그대여

무거운 책임이라는 두 글자를
어깨에 짊어진 채
말없이 앞장서야 했던 당신
"괜찮다."
그 한마디에
모든 감정을 꾹꾹 눌러 담던 그대
사실은
지치고, 아프고
울고 싶었던 날들도 많았지요

아버지란 이름은
세상에서 가장 외로운 자리이기도 합니다
그러나 그대여
당신이 보여준 땀과 침묵 속에
가족이라는 기적이 자라났습니다

이제는
당신도 안겨도 됩니다
기댈 곳이 없던 그 마음
이 시가 다 들어줄게요
아버지란 이름의 그대여!
참 고맙습니다
그리고, 정말 사랑합니다.

# 5장
### 『상처와 희망을 안고 걷는 그대에게』

가난과 상처, 외로움 속에서도
그대는 다시 일어나
행복과 자유로 향하는 길을 찾네.

## 89. 욕심 많은 그대여

조금 더 잘하고 싶고
조금 더 사랑받고 싶고
조금 더 이룰 수 있을 것 같아서
마음이 늘 바빴지요

그 욕심 때문에
스스로를 몰아세우고
때로는 지쳐 쓰러지기도 했지만
나는 압니다.
그 마음 속에
얼마나 간절한 꿈이 숨어 있는지요.

그대여!
욕심은 나쁜 게 아닙니다
그건 당신이
아직 포기하지 않았다는 증거입니다
다만
조금 천천히
당신 자신도 품어가며
그 욕심을 껴안기를 바랍니다

욕심 많은 그대는
사실 누구보다
순수한 사람입니다.

## 90. 소극적인 그대여

말 한 마디를 꺼내기까지
백 번쯤 망설이던 그 마음을
나는 이해합니다

다른 사람보다
한 발 늦게 걷는다고
그 길이 틀린 건 아니에요

그 조심스러움은
당신이 얼마나 배려 깊고
상처받기 싫은 마음을
품고 있다는 뜻이니까요

소극적인 그대여!
당신의 속도는
당신만의 리듬입니다
남들이 앞질러 가도 괜찮아요

당신은 당신답게
그 자리에서 충분히 빛나고 있어요

## 91. 적극적인 그대여

언제나 먼저 손을 내밀고
먼저 시작하고
먼저 사랑할 줄 아는
그 용기에 박수를 보냅니다
때로는 '너무 나선다'는 말에
상처받기도 했겠지요

하지만 나는 압니다
그 행동 너머에 있는
그대의 진심을
세상은 가만히 있으면
아무것도 주지 않기에
당신은 두려움보다
도전을 먼저 택했던 사람

당신 덕분에
멈춰 있던 누군가의 마음도
살며시 움직이기 시작했습니다
당신의 불꽃같은 에너지
세상을 따뜻하게
바꾸고 있어요

# 92. 소란스런 그대여

사람들 틈에서
크게 웃고, 크게 말하고,
때로는 남보다 앞서 나가고 싶은
당신의 마음
나는 이해해요

소란스러움은
그대가 세상과
정직하게 부딪히는 방식입니다
눈치 보며 억누르기보다
지금 이 감정 그대로
표현하려는 그 용기
나는 그게 참 멋지다고 생각해요

그대여!
조용한 사람만이 아름다운 게 아니라
때로는 소란한 마음이
가장 솔직하고, 가장 진실합니다
세상이 시끄럽다고 말해도
그대 안의 소란은
삶을 뜨겁게 살아가는
또 하나의 노래입니다

## 93. 못난 그대여

거울을 볼 때마다
왜 나는 이렇게밖에 안 되나
스스로를 미워한 적이 있지요?
무엇을 해도 부족해 보이고
누군가와 비교하며
작아졌던 순간들
그대여
그 마음… 나도 알아요

그런데 말이에요
세상에 진짜 못난 사람은
스스로 못났다고 말하는
당신 같은 사람은 아니랍니다
당신의 부족함은
사람 냄새이고,
당신의 서툼은
마음의 온기입니다

못난 그대여!
그 모습 그대로
충분히 괜찮고
이미 누군가에겐
아주 귀한 존재예요

## 94. 어여쁜 그대여

세상이 정한 예쁨의 기준에서
한 걸음 물러서 있을지라도
당신은 충분히
넘치도록 아름답습니다

당신의 말투
당신의 손길
당신의 마음속에 숨어 있는 따뜻함…
그것들이야말로
이 세상이 자주 잊는 진짜 예쁨이에요

거울보다
사람의 마음에 비친 당신이
더 어여쁘다는 걸
그대는 아직 모를지도 몰라요

어여쁜 그대여!
있는 그대로의 당신이
가장 빛나고
가장 사랑스러운 사람입니다

## 95. 쓸쓸한 그대여

찬바람에 어깨를 움츠리고
말없이 걷던 그날이
아직 마음에 남아 있지요?

누가 곁에 있어도
마음속이 텅 비는 느낌
그건 그대가
누군가를 깊이 품었기 때문이에요

쓸쓸함은
사랑이 머물다 간 자리,
기억이 들꽃처럼 피어난 자리입니다

그대여!
쓸쓸함마저 껴안고 살아가는 당신은
얼마나 섬세하고 아름다운 사람인지요

기억하세요
진짜 봄은
쓸쓸한 겨울을 지난 마음에
비로소 찾아옵니다

## 96. 실연한 그대여

사랑은 떠났고
남겨진 마음만이
텅 빈 공간을 메우려 애쓰고 있지요

사랑은 그렇게
때론 머물지 않고
바람처럼
지나가기도 합니다
하지만 그대여
사라진 건 사랑이 아니라
그때의 한 장면일 뿐
당신의 사랑은
결코 헛되지 않았습니다

아프게 끝난 사랑은
다음 사랑에게 길을 내줍니다

실연한 그대여!
지금의 눈물이
당신을 더 깊게 만들고
언젠가 또다시
당신을 웃게 할 거예요.

## 97. 분답한 그대여

세상이 너무 시끄러워
내 마음 소리조차
들리지 않을 때가 있지요

억울한 일들
이유도 모른 채 참고 견딘 날들
속은 타들어가는 데
겉으론 아무렇지 않은 척
얼마나 많이 하셨나요

분노는 나쁜 게 아닙니다
그건
당신이 얼마나 진심이었는지를
보여주는 증거니까요

분답한 그대여!
잠시 숨을 고르고
당신 마음부터
조용히 안아주세요

당신의 진심은
결국 가장 깊은 곳에서
누군가를 울릴 만큼
맑고 강한 울림이 될 테니까요

## 98. 사랑하는 그대여

당신이 있다는 것만으로도
세상은 한 줌 더 따뜻해집니다.

당신의 숨결
당신의 눈빛
당신의 조용한 걸음까지도
누군가에겐
기적 같은 존재임을 알고 계신가요?

사랑은 거창하지 않아도 됩니다
하루 한 번
따뜻한 눈길을 건네는 것
조용히 기다려주는 것
그것만으로도
세상은 사랑을 배웁니다

누군가를 위한다는 이유로
자신을 뒤로 미룬 날들
혼자 울다 웃으며
다시 일어선 당신을
나는 진심으로 사랑합니다

사랑하는 그대여!

당신은 이미
누군가의 마음속에
가장 고운 자리로 남아 있어요

혹시 사랑받지 못한다고 느껴질 때도
기억하세요
당신을 향한 사랑은
언제나,
어디에선가
조용히 당신을 감싸고 있다는 걸

그리고 지금 이 순간
이 시도,
그 사랑 중 하나입니다

## 99. 상처받은 그대여

아무 일 없는 듯 웃는 그 얼굴 아래
얼마나 많은 눈물이 숨겨져 있었나요

말 못 할 기억이
마음 깊숙이 남아
지금도 가끔
그대를 아프게 하나요
하지만 상처는
아물어가는 과정 속에서
새로운 빛을 품습니다

상처받았기에
남의 아픔을 이해할 수 있고
넘어졌기에
누군가를 일으킬 수 있죠

그대여!
당신의 아픔은
당신을 더 넓고 깊은 사람으로
단단히 빚어낸 시간입니다

그 상처
이제는 당신만의
찬란한 무늬입니다

# 100. 잊혀진 그대여

누군가에게서
어느 자리에서
천천히 사라지는 느낌
그건 참 서글프지요

한때는 중심이었던 내가
이제는 아무도 부르지 않는 이름이 되어
고요히 잊혀질 때
하지만 그대여
이름이 불리지 않는다고
당신의 존재가 사라지는 건 아닙니다

진짜 빛은
기억보다도 더 깊은 곳에서
지금도 은은히 빛나고 있어요

잊혀졌다는 것은
지워졌다는 뜻이 아니라
잠시 멈춘 사랑의 다른 얼굴일 뿐

그대여!
당신을 기억하는 이 하나만 있어도
그대는 결코
사라지지 않습니다

# 101. 다시 일어설 그대여

지금은 무너진 자리에서도
한 줌의 빛이 자라고 있습니다

넘어진 자리를
너무 오래 탓하지 마세요
당신은 쓰러진 게 아니라
잠시, 다시 일어설 준비를 하고 있는 거예요

마음속의 작은 불꽃
그건 결코 꺼지지 않았습니다
바람을 이긴 촛불처럼
당신은 또 타오를 겁니다

다시 걸어갈 그 길 위에
이 시가 작은 디딤돌이 되었으면 합니다

그대여!
천천히
한 걸음씩
우리 함께
다시 시작해요

## 102. 가난한 그대여

주머니는 비어 있어도
그 마음만은
세상 누구보다 따뜻하군요

눈앞의 숫자는 작지만
당신이 나눈 웃음과 진심은
참 크고도 깊습니다

가난은
지갑에 있는 돈보다
마음에 있는 여백에서 시작됩니다

부유하지 않아도
그대는 나누는 법을 알고
채우지 않아도
비워줄 줄 아는 사람이죠

그대여
때론 세상이 가진 것만을 보지만
나는 압니다
가장 값진 건
당신처럼 살아 있는 마음이라는 걸

부유함은 숫자에 있지 않고
사람을 향한
사랑과 존중 안에 있습니다

가난한 그대여!
당신은 이미
가장 풍요로운 사람입니다

# 103. 왕따인 그대여

누군가의 시선이
칼처럼 꽂히던 날
얼마나 아팠나요

무리에서 밀려난 채
벽처럼 굳은 마음으로
하루를 버티던
그 시간들…

그대 잘못이 아니에요
조금 다르다고,
조금 조용하다고,
그 누구도 상처 줄 권리는 없으니까요

세상이 등을 돌려도
당신의 가치는 사라지지 않아요
오히려
그 외로움 속에서 피어난 당신은
더 단단하고, 더 깊은 사람이에요

왕따였던 그날들이
언젠가 누군가를
감싸줄 힘이 될 거예요

그러니 그대여!
지금은 아프더라도
당신은 절대
잘못된 사람이 아닙니다

# 104. 우울한 그대여

빛이 스며들지 않는 날엔
마음마저 창백해지고
세상이 낯설게 느껴지지요

무기력은 게으름이 아니라,
마음이 지쳐 숨 고르는 시간입니다

햇살이 따뜻한 줄도
바람이 부는 줄도
모르는 날엔
그저, 있는 그대로 있어도 괜찮습니다

그대여!
아무것도 하지 않아도 괜찮습니다
숨 쉬는 일조차 버거운 날엔
그저 살아 있어줘서
고맙다고 말하고 싶어요

우울은 지나갑니다
마치 긴 겨울이
조용히 봄에게 자리를 내어주듯
당신의 마음에도
조금씩 따뜻한 빛이 들어올 거예요

## 105. 지친 그대여

오늘도 잘 견디셨습니다
그 사실만으로도
당신은 참 대단한 사람입니다

무언가 이루지 않아도
누구보다 앞서가지 않아도
당신이 있는 그대로
얼마나 소중한지 잊지 마세요

매일을 버텨내는 일은
누구도 알지 못할
조용한 용기입니다
잠시 멈춰
하늘 한 번 올려다보세요

바람이 불어오고
구름이 흐르고
당신도 곧
다시 흐르게 될 거예요

그대여!
지쳐도 괜찮습니다
기댈 수 있는 오늘이 있고

디딜 수 있는 내일이
기다리고 있고
이 시가
당신 곁에 있으니까요

## 106. 용기 낼 그대여

두려운 마음이 찾아올 때도
괜찮습니다.

용기는
두려움이 없는 것이 아니라
그럼에도 불구하고
한 발 내딛는 그 마음이니까요

넘어졌다고
끝난 것이 아니고
주저앉았다고
길이 멈춘 것도 아닙니다

그대의 걸음 하나
숨결 하나에도
세상은 조용히
응원을 보냅니다

용기란,
다시 웃어보는 일
다시 말 걸어보는 일
다시 사랑해보는 일

그대여!
오늘도 괜찮습니다
당신은 이미
충분히 용기 내고 있으니까요

## 107. 외로운 그대여

사람들 속에 있어도
고요히 혼자인 마음
나도 압니다.

밤이 길고
창밖에 바람 한 점 스쳐도
누군가 그리워지는 그 마음도요

외로움은
나를 만나는 고요의 선물입니다
당신이 얼마나
깊고 넓은 사람인지
이 시간은 조용히 말해주고 있어요

그대여!
혼자인 시간에도
당신은 결코
혼자가 아닙니다

별이 홀로 빛나는 밤하늘에도
그 별을 바라보는
당신 같은 마음이
항상 있으니까요.

# 108. 슬픈 그대여

눈물은 마음이 흘리는
가장 진실한 언어입니다

슬픔을 숨기지 마세요
그건 약함이 아니라
당신이 얼마나
사랑했는지를 말해주는 증거니까요

한 번쯤
세상에 등을 돌리고
그대 자신을
품 안에 꼭 안아주세요

슬픔이 지나간 자리에
꽃이 피고
당신 마음에도
햇살이 들 테니까요

슬픈 그대여!
지금은 울어도 괜찮습니다
당신의 눈물은
어떤 이의 기도가 될 테니

## 109. 괴로울 그대여

지금은 어둠뿐이라 해도
별은 늘 어둠 속에서 피어난다는 걸
잊지 마세요

당신이 괴롭다는 것은
세상이 등을 돌린 날에도
당신 마음속 빛은
아직 반짝이고 있다는 증명이에요

그대여!
울어도, 넘어져도, 조금 쉬어도 괜찮습니다
이 모든 것이 그대가 살아 있다는
강한 울림입니다

그러다, 어느 날 문득
당신도 모르게
햇살이 마음에 스며들 것입니다

그때 알게 되실 거예요
당신은 정말,
아름다운 사람이라는 것을

## 110. 무의미의 극치를 달리는 그대여

그대여, 무의미를 찾는 그대의 걸음은
아이러니하게도 가장 치열했다

텅 빈 하늘에 돌을 던지듯
끝없는 질문을 흩날리던 시간
그러나
어느 날
나는 알았다

무의미의 극치라 부른 그 자리가
실은 의미의 태초였음을
그대여!
허무라 이름 붙인 것조차
우리의 손길 아래선 사랑이었음을

## 111. 실망의 이름 그대여

산다는 것은
겪으면 겪을수록
인간에 대한 실망입니다

누구의 잘못도 아니고
누구의 탓도 아닌
그저 삶이란 이름의 숙명처럼
마음은 조금씩 닳아 갑니다

그래서일까요
오늘도 나는
사람에게서 멀어지고
자연으로 돌아가고 싶습니다

바람의 숨결과
나무의 눈빛 속에서
말없이 위로받으며
하루를 살아도 기쁨으로
다시 사람을 용서하려 합니다

# 6장
『모든 맛과 계절을 품은 그대에게』

달콤함과 짠맛, 배신과 사랑, 모든 맛이
그대라는 이름 안에서 서로 어우러져
결국 그대를 완성하는 축복일 뿐이다.

# 112. 날것과 숙성을 오가는 그대여

그대여, 우리 사랑은 날것처럼 뜨거웠다

칼끝 같은 생의 허기를
서로의 입술로 잘라내던 시절
그러나 시간은 숙성의 비밀을 풀어주었지

한때의 격정은 서서히 깊은 맛으로 스며들고
우리의 상처는 발효의 향으로 변해갔다

날것이어서 눈부셨고
숙성이어서 오래 머물렀던
그대여~
사랑은 이 두 끝을 오가는 여정이었구나

# 113. 와인이라는 이름을 가진 그대여

당신은
시간을 마시게 하는 사람입니다
잔을 기울이면
청춘의 빛깔이 스미고
향을 맡으면
옛사랑이 속삭이는 듯합니다

당신은
쉽게 취하지 않지만
한 번 스며들면
잊히지 않는 사랑처럼
가슴에 오래 남는 사람입니다

눈부시지도
거칠지도 않지만
그대와 함께한 밤은
항상 조용한 기념일이었습니다

와인이라는 이름을 가진 그대여!
당신은
마시는 것이 아니라
음미해야 할 사람입니다

# 114. 눈물이라는 이름을 가진 그대여

당신은
보이지 않을 때조차
항상 마음에 흐르는 사람이었습니다

아픔이거나
기쁨이거나
당신은 진심이 지나간 자리에서만
조용히 피어나는
정직한 감정이었습니다

당신 덕분에
우리는 마음을 씻었고
고개를 숙였고,
끝내 서로를 껴안을 수 있었습니다

## 115. 설탕이라는 이름을 가진 그대여

당신은
작고 하얗지만
세상에 가장 많은
위안을 준 사람이었습니다

쓴맛 나는 인생에
조금만 섞여도
기적처럼 웃음이 돌아오는 사람

당신은
눈에 잘 띄지 않지만
없으면 허전한 존재
작지만 결정적인 사랑의 입자였습니다

## 116. 소금이라는 이름을 가진 그대여

당신은
아프고 짜지만
그 덕분에
모든 맛이 살아났던 사람입니다

당신 없이는
사랑도 밍밍하고
삶도 맥이 없었습니다
상처에 뿌리면 쓰리고
음식에 넣으면 살고
당신은
정화이자, 본질의 힘이었습니다

## 117. 고난은 축복이라는 이름을 가진 그대여

당신은
먼저,
울고
무너지고
걸어가며
다시 웃는 사람이었습니다

넘어졌기에
사람을 알고
잃었기에
더 많이 사랑하게 된 사람

당신의 삶은
고난으로 썼지만
결국 축복으로 읽히는 이야기였습니다

# 118. 분노의 이름 그대여

좌파는 진실에 분노하고
우파는 거짓에 분노합니다

그렇다면 나는
무엇에 분노해야 하나요

공정하지 못한 세상을 볼 때
약속을 저버린 얼굴을 볼 때
겸손을 잃은 교만을 마주할 때

내 안의 분노는
이유를 넘어
정의의 이름으로 타오릅니다

그대여!
이 분노는 미움이 아니라
진실을 향한 기도의
불꽃입니다

# 119. 양심이라는 이름의 등불 그대여

어둠이 짙을수록
작은 불빛이 멀리 가고

누가 보지 않아도
속삭이는 마음의 목소리
그것이 양심이라 합니다

이익 앞에서 흔들리지 않고
두려움 속에서도
진실을 말하는 그 한 사람

그 한 사람의 양심이
세상을 지탱하고
또 다른 새벽을 부릅니다

그대여!
당신의 양심은
이 시대의 등불입니다

## 120. 정의의 마지막 언어그대여

세상은 종종
힘 있는 자의 말로 채워지지만
진실은 언제나
조용한 이의 눈빛에서 살아 있습니다

정의란
박수보다 침묵 속에서 피어나고
권력보다 양심의 자리에서 빛납니다

오늘도 나는 믿습니다
거짓이 이길 때가 있어도
결국 진실은
무릎 꿇지 않는다는 것을

그대여!
당신의 침묵이
이 시대의 마지막 언어가
됩니다.

## 121. 그래도 살아야 하는 그대여

그대여, 삶이 무너지는 듯 보일지라도
그 잔해 속에서도 여전히 꽃은 피어납니다

저녁이 깊어 별이 꺼져도
새벽은 늘 약속처럼 돌아오는 것처럼
그래도 살아야 합니다.

울음 끝에 웃음이 있고
끝의 문턱에 또 다른 시작이 있으니
그대여, 살아내는 것만으로도
이미 우리는 아름답습니다.

## 122. 달콤함의 이름 그대여

당신은
쓴 하루 끝자락에도
입안에 머무는 작은 사탕처럼
나를 웃게 한 사람이었습니다

당신의 말 한 마디는
껌처럼 오래 씹히고
당신의 눈빛은
꿀처럼 깊이 스며들어
내 마음을 부드럽게 덮었습니다

누군가는
달콤함이 쉽게 사라진다고 했지만
나는 압니다
당신이 건넨 온기는
설탕보다 오래
계절보다 깊게 남는다는 것을

달콤함의 이름 그대여!
당신은 내 기억 속에
가장 따뜻한 후식처럼
늘 기다려지는 사람이었습니다.

# 123. 배신이라는 이름의 그대여

당신은
내게 가장 깊은 칼이었고,
내 마음의 가장 어두운 골짜기였습니다

믿음이란 다리 위에서
당신은 돌연 발길을 거두었고
나는 끝없는 강물로
홀로 떨어졌습니다

그러나 그 추락 속에서
나는 알았습니다
사람은
자신의 상처를 발판 삼아
더 단단해질 수 있다는 것을

배신이라는 이름의 그대여!
당신은 나의 눈물을 빼앗았지만
끝내 희망까지는 빼앗지 못했습니다

당신이 남긴 빈자리는
이제, 내가 나를 다시 세우는
가장 넓은 마당이 되었습니다

## 124. 사랑이라는 이름 그대여

당신은
아픔에도 다시 피어나고,
눈물에도 꺼지지 않는 불꽃이었습니다

사랑은 때로 무너뜨리지만
끝내 다시 세우는 힘이 되어
우리의 가슴을 살아 있게 합니다

사랑이라는 이름 그대여!
당신은 내가 가장 두렵고도
가장 그리워하는 존재였습니다.

## 125. 봄 그대여

당신은
차가운 겨울 끝자락을 밀어내며
연둣빛 숨결을 불어넣는 사람이었습니다

당신의 손끝에서
꽃망울이 터지고
내 굳었던 마음도
다시 열렸습니다

봄 그대여!
당신은 시작이었고
희망의 첫 페이지였습니다.

# 126. 여름 그대여

당신은
햇살처럼 뜨겁고
소나기처럼 거칠었습니다

당신과 함께한 날들은
짧았지만
평생의 기억을 데워주는 불씨가 되었습니다

여름 그대여!
당신은 가장 눈부셨고
가장 잊히지 않는 계절이었습니다.

## 127. 가을 그대여

당신은
빛나는 황금빛 들판이었고,
한낮의 바람 같은 사람이었습니다

당신 곁에서
나는 천천히 익어가며,
떠남이 곧 충만임을 배웠습니다

가을 그대여!
당신은 내 삶의 서늘한 위로였고
깊은 사색이었습니다.

## 128. 겨울 그대여

당신은
온 세상을 하얗게 덮어
상처마저 감추어 주는 이불 같았습니다

차가움 속에서도
당신은 가장 맑았고
침묵 속에서도
당신은 가장 강했습니다

겨울 그대여!
당신은 끝이자
다시 시작을 준비하는 시간이었습니다.

# 129. 세상에 이름 그대여

당신은
천적이기도 하고, 귀인이기도 하고
봄이기도 하며 겨울이기도 한
모든 얼굴을 가진 사람이었습니다

당신을 부르는 수많은 이름들이
결국은
나를 살아가게 한 힘이었음을
나는 이제 압니다

세상에 이름 그대여!
당신은
내가 시로 불러야 할
영원한 그대입니다.

# 130. 정답이라는 그대여

당신은
언제나 명확했고
흔들림 없이 단순했습니다

삶의 문제 앞에서
당신은 나를 안심시켰고
길을 잃은 순간마다
불빛처럼 길을 밝혀주었습니다

정답이라는 그대여!
당신은 내가 붙잡고 싶었던
안전한 답안지였습니다.

# 131. 모두가 행복하길 바라는 그대여

당신이 써 내려간 이 말들은
누구의 편도 아니고
누구를 향한 정죄도 아닌
그저 한 사람 한 사람을
있는 그대로 품어주고 싶은 마음입니다

그래서 이 시는
말 잃은 아이에게
눈물 많은 어른에게
가난한 이름에게
비난받은 이름에게
조용히 다가가
이름을 부르며 따스하게 내민 당신의 손입니다.

당신이 바란 건
정답이 아니었고
사랑받는 법도 아니었습니다

그저,
모두가 따뜻하길
모두가 괜찮길
모두가 행복하길

그 바람 하나로
당신은 시를 쓰고
기도처럼 이 책을 썼습니다

모두가 행복하길 바라는 그대여!
이제는 당신이
가장 먼저 행복해져도 되는 시간입니다

당신이 그토록 품었던 모두의 웃음이
이제 당신에게도
피어날 차례입니다.

## 132. 뜨거운 영혼의 그대여

세상의 바람에 꺼지지 않고
삶의 눈물에 젖지 않고
오히려 더 타오르는 당신을
오래 바라보았습니다

수없이 쓰러지면서도
다시 일어난 이유는
지켜야 할 이름들이 있었기 때문이겠지요

말없이 견딘 밤
속울음 삼킨 새벽
누가 몰라줘도
당신의 영혼은 결코 식지 않았습니다

누군가를 데우고
누군가를 밝히며
자신을 태워가는 존재
그대는 불꽃입니다

당신의 삶은
조용한 혁명이었고
당신의 존재는
누군가에겐

하나의 믿음이었습니다.

지금 이 시집의 마지막 장
당신이 서 있습니다
당신이기에
이 모든 시는 완성됩니다
뜨거운 영혼의 그대여

| 프·롤·로·그 |

1.
그대여,
이 책을 펼친 순간부터
당신은 이미 시의 주인공입니다

때로는 천적
때로는 귀인
어느 날은 봄이 되고
또 다른 날은 겨울이 되며
당신은 수많은 이름으로
내 삶에 머물렀습니다

이 시집은
나의 이야기이자,
곧 당신의 이야기입니다
당신이 지나온 시간
그 속에 숨은 눈물과 웃음
그리고 아직 다 쓰이지 않은 내일을
함께 노래하고 싶습니다

그대여!
이제 우리,
서로의 이름을 시로 불러
다시 시작해봅시다

2.
그대여,
짧지 않은 이 여정을
끝까지 함께 걸어주셔서 감사합니다

우리가 불러온 수많은 이름들 속에서
당신은 때로 상처였고
때로 위로였으며
결국은 삶을 살아가게 한 힘이었습니다

모든 이름은 곧 당신이었고,
그 모든 순간은 이미 시였습니다

이제 시집을 덮는 순간에도
당신의 마음 어딘가에
조용히 살아남아,
다시 시작할 용기를 건네길 바랍니다

그대여!
당신이 있어
이 시집 또한 완성될 수 있었습니다.

[해설]

# 세상 모든 그대에게 전하는 사랑과 긍정과 시학

김영태
(명예평론박사·
전_한국문학비평가협회 부회장)

홍나영 시인의 시집 『그대여』는 세상 모든 그대에게 전하는 시인의 사랑과 긍정, 그리고 독특한 시학이 담긴 특별한 헌사이다. 이 시들은 인물의 가장 솔직하고 가공되지 않은 모습을 날것 그대로 담아내며, 완벽하고 이상적인 인물을 그리기보다 그들의 불완전함과 모순 속에 숨겨진 진정한 가치를 발견하는 것에 집중한다. '인간'이 사랑과 미움을 동시에 지닌 존재임을 인정하고, 때로는 '어리석다'는 평가가 사실은 순수한 용기의 발현임을 역설하는 시인의 철학은 시집 전체를 관통한다.
홍나영 시인은 기존의 서정시나 은유에 머무르지 않고 시의 벽을 허무는 새로운 시도를 보여준다. '호떡을 제일 잘 굽는 그대', '고철을 좋아하는 그대

', '미친놈 소리를 듣는 그대' 등 일상적이고 때로는 외면 받는 존재들을 직접적으로 호명하며 시의 대상을 특정하고, 독자 한 명 한 명에게 말을 거는 듯한 친밀한 소통 방식을 취한다. 독자는 이 시들을 읽으며 '내가 바로 그대구나'하고 느끼고, 타인의 시선에 갇히지 않고 각자의 삶을 살아가는 모든 이들에게 바쳐지는 헌사를 통해 자신의 불완전함 속에서도 고유한 가치를 찾을 수 있으며, 타인에 대한 이해와 공감의 폭을 넓히게 된다. 시인은 세상의 잣대나 편견으로 평가받는 이들의 내면을 깊이 들여다보며, '어리석다'라고 불리는 이의 순수한 용기를, '잡초'의 희생을, '미친년'의 아픔을 긍정하고 존경한다. 이를 통해 어떠한 그대도 자랑스럽고 위대하다는 메시지를 전하며, 화려한 성공이나 인정받는 삶이 아니더라도 각자의 자리에서 치열하게 살아가는 모든 이들의 존재 자체가 의미 있음을 이야기한다.

이 시집은 인간 본질에 대한 깊은 탐구이자, 인간이 지닌 모순, 즉 '사랑도 하고 미움도 하는' 존재임을 인정하며 완벽하지 않아도 그 불완전함 덕분에 더 아름다운 것이 인간의 본질이라고 말한다. 이처럼 홍나영 시인은 독자에게 스스로의 부족함을 용납하고 있는 그대로의 자신을 사랑할 용기를 주며, 세상의 온갖 그대들에게 보내는 따뜻한 시선과 위로, 용기 그리고 사랑 그 자체를 담아낸다.

천적이라는 이름을 가진 그대는
나를 가장 아프게 했고
가장 크게 자라게 한 사람이었습니다

당신이 있어
나는 숨을 헐떡였고
또 당신 때문에
더 깊이 호흡하는 법을 배웠습니다

적이라는 말 속에
때로는
운명보다 가까운 인연이 숨어 있음을
나는 이제 압니다

천적이라는 이름을 가진 그대여!
당신은 내 고통의 선생이었고
내 회복의 출발점이었습니다.
<2. 천적이라는 이름을 가진 그대여>전문

위 시는 역설적인 관계에서 비롯되는 깊은 성찰과 성장을 노래한 작품이다. '천적'이라는 부정적이고 대립적인 의미를 지닌 단어를 '그대'라는 친밀하고 사랑스러운 호칭과 결합시킴으로써, 시인은 고통과 성장이 불가분의 관계임을 아름답게 그려내고 있다.
'천적'은 생태계에서 특정 종을 잡아먹는 포식자를 의미한다. 이는 일반적으로 위협적이고 부정적인

존재로 인식된다. 그러나 시인은 이 '천적'에게 '그대여'라는 다정하고 부드러운 호칭을 부여한다. 이 극명한 대비는 독자로 하여금 시가 단순한 대립 관계를 넘어선 복합적인 인연에 대해 이야기하고 있음을 짐작하게 한다. 시적 화자에게 '그대'는 단순한 적이 아니라, 존재의 의미를 깊이 일깨워주는 특별한 대상임을 암시하는 것이다.

시인은 마지막 연에 이르러 '천적'을 "내 고통의 선생이었고, 내 회복의 출발점"이라고 규정한다. '선생'이라는 표현은 '천적'이 화자에게 고통을 주었지만, 그 고통이 깨달음과 배움을 동반했음을 의미한. 또한 '회복의 출발점'이라는 말은 '천적'과의 관계를 통해 겪었던 고통이 결국 화자가 새로운 삶을 시작하고 더 나은 존재로 나아가는 계기가 되었음을 보여주는 것이다. 이는 삶의 부정적인 경험조차도 긍정적인 변화와 성장의 기회로 삼을 수 있다는 시인의 깊은 통찰과 희망적인 시선을 담고 있는 것이다.

홍나영 시인은 「천적이라는 이름을 가진 그대여」를 통하여 극단적인 대립자를 통해 인간의 고통, 성장, 그리고 관계의 본질을 탐색하고 있는 것이다. 따라서 시인은 부정적인 경험 속에서 삶의 깊은 의미와 깨달음을 찾아내며, 고통이 단순히 아픔으로 끝나는 것이 아니라 더 큰 자아를 형성하는 데 필수적인 요소임을 역설하고 있는 것이다.

「천적이라는 이름을 가진 그대여」는 독자들에게 자신의 삶에서 '천적'과 같았던 존재들이 사실은 자신을 가장 크게 성장시킨 '운명적 인연'이었을 수도 있다는 성찰의 기회를 제공하며 깊은 공감과 울림을 선사하고 있는 것이다.


광고 속 모델도, 영화 속 배우도
당신 앞에선 배경일 뿐
그 얼굴엔
세월이 빚은 품격과
희망이 깃든 웃음
그리고 날마다 깨어나는 아름다움이 있습니다

거울이 당신을 볼 때마다
감탄사를 터뜨릴 거예요.
"또 빛나네… 도대체 언제 그만 반짝일 거야?"

그대여,
당신의 얼굴은
백만 불보다 더 소중한 이유가 있어요
그건 바로
그 얼굴이
수많은 눈물을 닦아주고
수많은 웃음을 안겨주었기 때문입니다
수많은 웃음을 안겨주었기 때문입니다.
<71. 백만 불짜리 얼굴을 가진 그대여>전문

위 시는 "백만 불짜리 얼굴을 가진 그대여"라는 강

렬한 찬사로 시작한다. 이어지는 "광고 속 모델도, 영화 속 배우도 당신 앞에선 배경일 뿐"이라는 표현은 '그대'의 외적 아름다움이 대중매체가 제시하는 이상적인 미의 기준마저 압도한다는 것을 강조한다. 이는 단순한 외모 칭찬을 넘어, '그대'가 가진 아우라와 존재감이 얼마나 특별한지를 부각시키는 역할을 하고 있다.

그러나 시는 여기서 멈추지 않고, '그 얼굴'이 지닌 진정한 아름다움의 원천을 밝힌다. "세월이 빚은 품격과 / 희망이 깃든 웃음, / 그리고 날마다 깨어나는 아름다움"이라는 구절은 '그대'의 아름다움이 젊음이나 완벽한 이목구비에서 오는 것이 아님을 분명히 한다.

이러한 요소들은 '그대'의 아름다움이 단순히 정지된 형태가 아니라, 살아있는 경험과 내면의 태도에서 비롯되는 역동적인 것임을 보여준다.

두 번째 연에서 "거울이 당신을 볼 때마다 / 감탄사를 터뜨릴 거예요. / '또 빛나네… 도대체 언제 그만 반짝일 거야?'"라는 표현은 대상을 향한 찬사를 극대화한다. 거울은 자신을 비추는 도구이자 객관적인 시선을 상징하는데, 그런 거울조차 '그대'의 아름다움에 감탄하고 의문을 표할 정도라는 설정은 '그대'의 빛나는 존재감이 얼마나 강력한지를 유머러스하면서도 인상적으로 전달한다. 이는 '그대'의 아름다움이 단순히 보여 지는 것을 넘어, 주변 존재들에게 긍정적인 영향을 미치는 생동하는 에너지임을 암시합니다.

위 시는 물질적이고 외형적인 아름다움의 기준을 넘어, 시간과 경험이 만들어낸 내면의 품격, 그리고 타인에게 베푼 사랑과 위로의 흔적이야말로 진정한 '백만 불짜리' 가치를 지닌 아름다움임을 역설하는 시이다. 이 시는 독자들에게 보이는 것 이상의 깊이 있는 아름다움의 의미를 성찰하게 하며, 한 존재가 겪어온 삶의 여정이 어떻게 그 존재를 더욱 빛나게 하는지를 따뜻하게 일깨워주고 있다.


그토록 많은 이름을 지나
이제야 나에게로 돌아왔습니다

나는 한때
자식이었고
엄마였고
눈물 많은 소녀였으며
누군가의 위로였지요

그러면서도
정작 나를 부를 때
나는 늘 망설였어요
하지만 이제는
조용히 말할 수 있어요

나도 괜찮다고
나도 아름답다고

나도 사랑받아 마땅한 사람이라고

이 모든 시는
누군가를 위한 것 같지만
사실은
나를 위한 기도였음을
이제는 압니다

나란 이름의 그대여!
살아 있어줘서
정말 고마워요
그리고
수고했어요. 정말로.
<83. 나란 이름의 그대여>전문

위 시는 타인을 향했던 시선의 종착점이 결국 '자기 자신'이었음을 고백하며, 자기 존재에 대한 깊은 이해와 긍정, 그리고 감사에 이르는 과정을 그린 시로, 시집 전체가 '그대'를 향한 다양한 이야기들을 담고 있지만, 이 시는 그 모든 이야기의 근원이자 최종 목적지가 바로 '나' 자신임을 밝히는 중요한 작품이다. 따라서 『그대여』는 시집을 대하는 독자 또한 시집 안의 그대들이 모두 독자 자신임을 깨닫게 하는 것이다.
"나란 이름의 그대여, / 그토록 많은 이름을 지나/이제야 나에게로 돌아왔습니다."라는 구절로, 시적 화자가 수많은 관계와 역할 속에서 살았음을 암시

한다. 시의 도입부를 통하여 '그대'라는 호칭은 시집 전체의 일관된 주제 의식이자, 이 시에서는 그 '그대'가 결국 자기 자신이었음을 드러내는 장치인 것이다. 다른 사람의 이름으로 불리고 다른 역할을 수행하며 살아왔던 지난 세월을 지나, 이제 비로소 자신의 본질적인 '나'로 회귀했음을 선언하며 시는 자기 성찰의 깊이를 예고하고 있는 것이다.

"자식이었고,/ 엄마였고, /눈물 많은 소녀였으며 / 누군가의 위로였지요." 라는 다양한 역할들을 통하여 우리 사회에서 흔히 여성에게 부여되는 정체성이자, 주어, 타인의 기대와 역할에 갇혀 자기 자신의 존재를 온전히 인식하고 사랑하는 데 주저했음을 나타내어 많은 이들이 공감할 수 있는 현대인의 자화상을 들려주는 것이다.

"이 모든 시는 누군가를 위한 것 같지만 사실은 나를 위한 기도였음을 이제는 압니다." 이 고백은 시집의 제목인 '그대여'가 단순히 외부의 특정 인물을 지칭하는 것을 넘어, 시인의 내면 깊숙이 자리 잡은 자기 자신을 포함하는 중의적인 의미를 가졌음을 드러내며, 시집의 주제를 관통하여 결국 '그대여'는 타인을 향한 위로와 사랑의 시어들이 결국 자신을 치유하고 긍정하는 글쓰기 행위를 통한 자기 발견과 성장의 서사이기도 하다.

위 시는 타인과의 관계 속에서 자신을 잃어버렸던 이들이 자기 본연의 자리로 돌아와, 스스로를 온전히 인정하고 사랑하며 감사하는 과정을 그린 깊은 울림을 주는 시이다. 이 시는 진정한 자기 발견과 자존감 회복의 여정이야말로 삶에서 가장 중요한 깨달음임을 따뜻하고 진솔한 언어로 전달하며, 독자들에게 자신에게로 향하는 진정한 '그대'의 의미를 발견하게 한다.

아무 일 없는 듯 웃는 그 얼굴 아래
얼마나 많은 눈물이 숨겨져 있었나요

말 못 할 기억이
마음 깊숙이 남아
지금도 가끔
그대를 아프게 하나요
하지만 상처는
아물어가는 과정 속에서
새로운 빛을 품습니다

상처받았기에
남의 아픔을 이해할 수 있고
넘어졌기에
누군가를 일으킬 수 있죠

그대여!
당신의 아픔은
당신을 더 넓고 깊은 사람으로
단단히 빚어낸 시간입니다

그 상처
이제는 당신만의
찬란한 무늬입니다
<99. 상처받은 그대여>전문

위 시의 시작은 "상처받은 그대여, / 아무 일 없는 듯 웃는 그 얼굴 아래 / 얼마나 많은 눈물이 숨겨져 있었나요."라는 구절로, 겉으로는 괜찮은 척하지만 내면에 깊은 아픔을 간직한 이들에게 공감의 손길을 내민다. '그대'의 미소 뒤에 숨겨진 눈물을 헤아리며, 시인은 독자들에게 위로와 이해의 메시지를 전달하고 있는 것이다. 이는 우리 사회에서 많은 이들이 겪는 '괜찮은 척'하는 고통에 대한 따뜻한 시선이다.
"하지만 상처는 / 아물어가는 과정 속에서 / 새로운 빛을 품습니다."라는 두 번째 연에서 덧붙여 상처가 단순한 아픔이 아니라 성장과 변화의 잠재력을 지닌 존재임을 강조합니다. '새로운 빛'은 고통을 통해 얻는 깨달음, 희망, 그리고 더 나은 미래를 상징하고 있는 것이다.
위 시는 상처가 단순히 개인을 갉아먹는 고통이 아니라, 오히려 그 사람을 더욱 깊고 넓게 만들며 타인과 공감하고 연대할 수 있는 힘을 부여하는 긍정적인 삶의 요소임을 보여주는 시이다.
시인은 상처를 통해 얻는 지혜와 성숙을 찬미하며, 독자들에게 자신의 아픔을 부끄러워하거나 숨기지 않고, 그것을 자신만의 '찬란한 무늬'로 받아들일 용기를 선사한다. 이 시는 고통 속에서 희망을 발견하고, 아픔을 통해 성숙해지는 인간 존재의 아름다움을 따뜻하게 노래하고 있는 것이다.


당신은
보이지 않을 때조차
항상 마음에 흐르는 사람이었습니다

아픔이거나
기쁨이거나
당신은 진심이 지나간 자리에서만
조용히 피어나는
정직한 감정이었습니다

당신 덕분에
우리는 마음을 씻었고
고개를 숙였고,
끝내 서로를 껴안을 수 있었습니다
<114. 눈물이라는 이름을 가진 그대에게>전문

위 시는 흔히 약함이나 슬픔의 상징으로 여겨지는 '눈물'을 단순한 생리 현상이 아닌, 인간의 깊은 감정과 소통, 그리고 정화의 과정을 담아내는 숭고하고 정직한 존재로 의인화하여 찬미하는 시이다.
시는 '눈물'이 '보이지 않을 때조차 항상 마음에 흐르는' 존재라며 그 불가시적이고도 영원한 본질을

먼저 밝히고, 이어서 '아픔이거나, 기쁨이거나ㅡ 당신은 진심이 지나간 자리에서만 조용히 피어나는 정직한 감정'이라고 정의함으로써 눈물이 기만 없이 오직 진실 된 마음에서만 발현되는 순수함을 지녔음을 강조하고 있다. 특히 '당신 덕분에 / 우리는 마음을 씻었고, / 고개를 숙였고, / 끝내 서로를 껴안을 수 있었다'는 구절은 눈물이 개인의 감정 정화뿐만 아니라, 겸손함을 배우고 타인과의 공감대를 형성하여 관계를 회복시키는 강력한 매개체임을 역설한다. 이 시는 눈물이 보여주는 인간 본연의 진솔함과 그를 통한 치유, 그리고 관계의 회복이라는 심오한 의미를 간결하면서도 깊은 울림으로 전달하며, 눈물의 긍정적인 가치를 새롭게 조명하고 있다.

결국 이 시집은 인간 본질에 대한 깊은 탐구이자, 인간이 지닌 모순, 즉 '사랑도 하고 미움도 하는' 존재임을 인정하며 완벽하지 않아도 그 불완전함 덕분에 더 아름다운 것이 인간의 본질이라고 말한다. 이처럼 홍나영 시인은 독자에게 스스로의 부족함을 용납하고 있는 그대로의 자신을 사랑할 용기를 주며, 세상의 온갖 그대들에게 보내는 따뜻한 시선과 위로, 용기 그리고 사랑 그 자체를 담아낸다.

시인이 132명의 각기 다른 '그대'를 통해 전달하고자 하는 것은 바로 이 세상에 존재하는 모든 삶의 형태가 고유한 가치와 아름다움을 지니고 있다는 사실이다. '천적'이라는 이름의 그대에게서 성장의 동력을 발견하고, '백만 불짜리 얼굴'에서 삶의 흔적이 빚어낸 내면의 품격을 찬양하며, '상처받은 그대'의 아픔을 '찬란한 무늬'로 승화시키고, '눈물'마저 진심과 소통의 매개로 재해석하는 시인의 시선은, 삶의 어떤 면모도 배제하지 않고 긍정하려는 깊은 의지를 보여준다. 나아가 '나란 이름의 그대'를 통해 모든 타인을 향한 시선과 찬미의 궁극적인 종착지가 결국 자기 자신을 향한 사랑과 위로임을 고백하며, 독자들이 자신의 삶과 존재를 있는 그대로 품을 수 있도록 이끌어준다.

이 시집은 세상의 잣대에 지쳐 스스로를 미워하고 있거나, 자신의 부족함 때문에 자존감이 낮아질 때, 혹은 타인의 시선에 갇혀 진정한 자신을 잃어버렸다고 느낄 때 위대한 치유의 힘을 발휘한다. 또한 삶의 고난과 아픔 속에서 길을 잃고 헤맬 때, 이 시집은 그 모든 경험들이 결국 자신을 단단하고 깊이 있는 존재로 빚어내는 소중한 과정이었음을 깨닫게 함으로써 독자에게 깊은 위로와 안도를 안겨줄 것이다.

『그대여』는 세상 모든 '그대'가 자신만의 빛나는 가치를 지닌 존재임을 확인하고, 있는 그대로의 자신을 사랑할 용기를 얻게 되는 따뜻한 영혼의 거울이 되어줄 것이다.